U0111956

大展好書　好書大展
品嘗好書　冠群可期

大展好書　好書大展

品嘗好書　冠群可期

運動精進叢書27

怎樣打籃球

郭士強

劉光宇　著

崔魯祥

大展出版社有限公司

前　言

　　籃球運動歷經百餘年的發展，現已成為全世界最受人們喜愛的運動項目之一。人們在欣賞籃球運動的同時，越來越多的愛好者也參與其中，體驗打籃球帶給人們的無窮樂趣。

　　《怎樣打籃球》一書以培養青少年籃球運動興趣為宗旨，以教會籃球愛好者「玩球」和「打球」為基本目標，對技術掌握和練習體系進行重構，進一步優化了籃球基本攻防技術等內容。全書內容豐富、簡練，插圖直觀形象，語言通俗易懂，便於讀者自學和實踐。

　　全書共分為六章，詳細地介紹了籃球基本技術動作的特點及其訓練方法，包括運球、傳球、投籃、籃板球、一對一攻防等基本技術動作方法及實踐運用，此外，本書還介紹了一些籃球愛好者掌握、提高各種技術的練習方法，突出實用性。在每項技術動作中配有大量的優秀運動員實例圖片，圖文結合，使讀者能夠更加直觀地體會技術動作細節。

　　籃球愛好者尤其是初學者，在學習每個技術動作

時，要嚴格按照規範動作進行練習，以求在動作技術形成初期建立正確的動作定型，為日後的訓練和提升打下堅實的基礎。

本書由崔魯祥和郭士強負責本書的總體設計、列目、修改，劉光宇撰寫大部分章節。本書的技術示範者為遼寧男子籃球隊隊員楊鳴和李曉旭，圖片由張琳琳進行後期處理。

本書在創作過程中受益於業內多位專家、學者的悉心指導，在此，謹向多年來給予我們友好合作的朋友們，以及所有對本書出版過程中給予大力支持的部門和個人表示真誠謝意。同時也希望得到同仁的批評、建議，期待與同路人並肩前行，更希望能為廣大青少年籃球愛好者提供有價值的實例借鑒。

目 錄

目 錄

第一節 籃球運動的誕生和發展 ………… 11

一、籃球運動的起源 ………………… 11

二、籃球運動的發展 ………………… 13

第二節 籃球場地常識 ………………… 24

一、籃球場地的規格標準 ……………… 24

二、2分和3分投籃區域 ……………… 26

三、籃板和籃圈 ………………………… 27

四、籃球 ………………………………… 28

五、器材 ………………………………… 28

第三節 籃球競賽規則常識 …………… 31

一、球隊 ………………………………… 31

二、比賽通則 …………………………… 32

三、違例 ………………………………… 35

四、犯規 ………………………………… 39

五、一般規定 …………………………… 46

第 一 章
帶你認識籃球運動

第一節　籃球運動的誕生和發展

一、籃球運動的起源

美國是現代籃球運動的發源地。為了培養大批信奉教義和精通專業的體育教師，1885 年由麻塞諸塞州春田競技場的里德創建了一所基督教傳教士學校，最初命名為「青年會幹事學校」。

1886 年增設了體育部，培訓受過專業訓練的師資和教練員，1890 年更名為「國際基督教青年會訓練學校」（現被稱為春田大學），當時的體育部主任盧瑟·古利克（Luther Halsey Gulick）（圖 1–1）為了解決美國東部冬天天氣寒冷，參加青年會活動的人明顯減少的問題，組織教師研討希望能設計一項室內體育項目，以吸引更多的青年人參加教會活動，最終任務委託給詹姆斯·奈史密斯（圖 1–2），奈史密斯借鑒當時已有的足球、長柄曲棍球、古代馬雅人的場地球以及兒時玩過的「打小鴨」等遊戲，於 1891 年設計發明了一種適宜冬季在室內進行的籃球遊戲。

圖1-1
體育部主任盧瑟‧古利克

圖1-2
詹姆斯‧奈史密斯

　　1861年11月6日，詹姆斯‧奈史密斯出生於加拿大的安塔威，8歲時父母雙亡，跟隨叔叔長大。1887年他在麥克吉爾大學（Mcgill university）獲神學（theology）學位，畢業後留校擔任體育教師，1890年到美國麻薩諸塞州斯普林菲爾德市基督教青年會訓練學校任體育教師；1895—1898年到YMCA of Denver擔任體育教師；從1898年開始到勘薩斯大學（University of Kansas）工作，成為該大學第一位籃球教練，後來被評為體育教授，直到退休。

　　1936年第十一屆奧運會他被邀請為首場籃球比賽開球，並被授予「國際籃球聯合會名譽主席」稱號，於1939年11月28日病逝，享年78歲。為了永遠紀念他，1941年美國籃球聖地——春田大學建造了著名的奈史密斯籃球紀念館。

　　美國最傑出的籃球運動員和籃球界著名人士的事蹟陳列館內，至今牆上還刻著他生前的座右銘：「我的一生

中，留給世界的東西應比得到得多。」國際籃聯在1950年第一屆世界男子籃球錦標賽期間，決定把世界男子籃球錦標賽的金杯命名為「詹・奈史密斯杯」。

二、籃球運動的發展

(一)籃球場地的演進

籃球遊戲發明的最初兩年，比賽場地只有假想的界線，只要在體育館兩側欄杆上掛一個桃筐就可以比賽，由於體育館場地大小不一，就造成了籃球遊戲場地大小不等（圖1-3）。

圖1-3

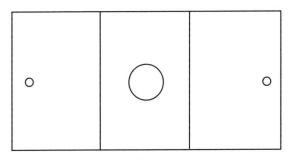

圖1-4

從1893年開始，出現了兩種形式的籃球場地：一種是三區九人制籃球比賽場地（圖1-4），每區三人，不得越區攻防，女子比賽一直沿用這種場地，直到1938年改成兩區；另一種是兩區五人制籃球比賽場地（圖1-5），1893年設立罰球線為6.02公尺，1895年縮減到4.5公尺，並規定場地必須有界線限制，離牆至少1公尺。

　　1932年，國際業餘籃球聯合會成立，籃球場地面積確定為26公尺×14公尺，增加了5.8公尺×1.8公尺的進攻限制區（圖1-6、圖1-7），增訂了3秒鐘規則。

　　隨著高大運動員的大量湧現，20世紀40年代末50年

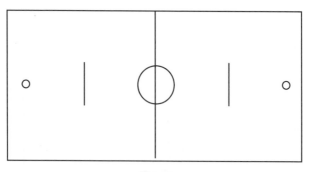

圖1-5

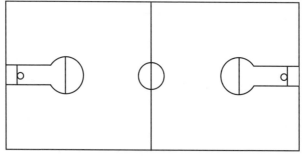

圖1-6

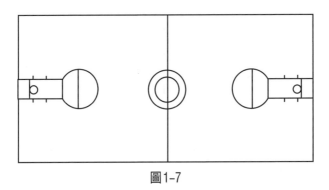

圖1-7

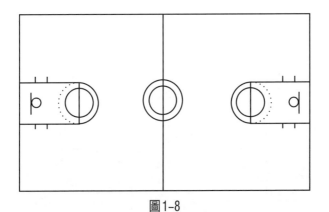

圖1-8

代初進攻限制區擴大為5.8公尺×3.6公尺（圖1-8），
1956年後，進攻限制區進一步被擴大為5.8公尺×6公尺的
梯形（圖1-9），並取消中線。1961—1964年，取消中場
線在邊線中點處畫10公分的短線，取消60公分的小圓
圈。

　　為了鼓勵外線隊員投籃，防止比賽都密集在籃下致使
比賽失去活力，1984年增加了三分投籃區，球場面積擴大
為28公尺×15公尺，球場上空高度增加為7.50公尺（圖

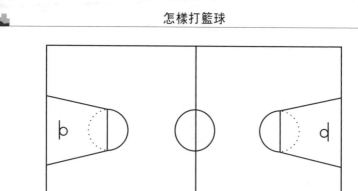

圖 1-9

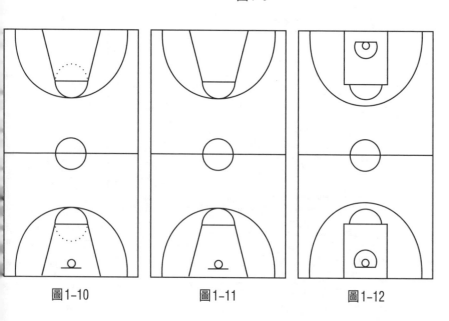

圖 1-10　　　　　　圖 1-11　　　　　　圖 1-12

1-10、圖 1-11）。

　　2010 年三分投籃區域進一步擴大，由原來的半徑 6.25
公尺擴大到 6.75 公尺；進攻限制區擴大為 5.8 公尺 × 4.9 公
尺，並在限制區內設立無撞人半圓區域（圖 1-12）。

(二)球籃的演進

　　最初的球籃是用裝桃子的籃子，大小為37公分，釘在高3.05公尺的牆上，籃子有底（圖1-13、圖1-14）。每次投中，都要有人搬梯子爬上去把球拿出來，才能重新進行比賽。從1893年開始設計了圓形的桶，桶底為鐵絲網（圖1-15），以方便把球捅出，同年改為金屬籃圈，用裝有拉繩的有底線網，拉動繩子就能使球滾出來（圖1-16），直

圖1-13

圖1-14

圖1-15

圖1-16

到1912年才將網底切開,使球從籃圈由籃網直接落下。

(三)籃板的演進

奈史密斯創造籃球運動時,籃筐後面是沒有籃板的。後來因為投不進去的球常常飛落到觀眾席,從而經常影響比賽的正常進行,於是就用鐵絲網遮在籃筐後面,這是最早出現的籃球「遮網」。

1894年,開始出現形狀各異的木製遮板,沒有統一規格,1895年統一採用4英尺×6英尺的木製籃板。1909年美國大學生規則委員會開始批准使用玻璃籃板,1940年美國曾批准使用扇形籃板,1954年國際業餘籃聯統一規定為使用的籃板尺寸和形狀,明確規定籃板厚度為3公分,大小為1.20公尺×1.80公尺的長方形。籃圈內徑為45公分,籃板與籃圈內沿的最近點是15公分,籃圈與地面距離為3.05公尺。

1990年為了保護運動員和規範球場,規則將籃板下沿提高至距離地面2.9公尺,籃板大小為1.05公尺×1.80公尺,這些規定直到今天都沒有變動。

(四)籃球的演進

籃球運動初創時期,以當時流行的英式A式足球作為統一比賽用球。1894年,開始用皮革縫製成一種比英式足球稍大的開口籃球,一直沿用了半個世紀。1937年,皮製全封閉籃球問世(圖1-17、圖1-18),1940年國際業餘籃聯批准用這種球比賽,40年代末50年代初,出現了模壓橡皮籃球。

圖1-17　　　　　　　　　　圖1-18

　　現代籃球比賽用球是由皮、合成皮革、橡膠或合成物質製成，球是圓形的、單純的橙色並帶有8瓣黑色的接縫，球的直徑的長度不得超過0.635公分，四周不得小於74.9公分，不得大於78公分（7號），重量不得少於567克，不得多於650克。

（五）規則的演進

　　1892年1月，奈史密斯制定了13條籃球規則，主要內容包括五項原則和十三條規則。1893年增加到21條。

　　五項原則：第一，採用不大的、輕的可用手控制的球。第二，不准持球跑。第三，嚴格限制隊員之間的身體接觸。第四，球籃安裝在高處，應該是水平面。第五，任何時候都不限制兩個隊的任何隊員獲得正處於比賽中自由

的球。

十三條規則：

第一，可用單、雙手向任何方向扔球。

第二，單、雙手向任何方向拍球，但不准用拳擊球。

第三，不准帶球跑、不能運球，接球隊員可以在快速跑動中做急停接球，但必須在接球地點把球擲出。

第四，必須用手持球，不准用胳膊或身體夾、停球。

第五，不准用肩、手、腳等向對方隊員做撞、推、拉、絆、打等動作。如違反此項規則，第1次是犯規，第2次再犯規就令其停止比賽，直到投中下一個球才允許其上場。如果是故意犯規傷害對方，則取消他參加整場比賽的資格。

第六，用拳擊球算犯規，違反了第三、四、五條規則所敘述的也算犯規。

第七，如果任何一方連續犯規3次，就算對方命中1球（連續的意思是指在這期間內對方隊員未犯規）。

第八，當防守者未接觸到球或干擾球，球投入筐內就算命中，如球停留在籃筐邊而對方隊員移動了籃筐，也算得分。

第九，當球出界，由對方一個隊員擲入場內。若有爭議，由裁判員在靠近出界的邊線外將球擲入場內。擲界外球時，應在5秒內擲入場內。超過5秒，則判給對方發球，如故意延遲時間，則判犯規，連續三次違犯規則取消比賽資格。

第十，副裁判是運動員的仲裁者，他要注意犯規情況，當某隊已三次犯規時，他要報告正裁判，他有權根據

規則第五條取消隊員比賽資格。

　　第十一，正裁判是球的仲裁者，他可以判定什麼時候（球）處於比賽狀態，球在界內屬於哪一隊和記時、記錄得分，還有其他通常由正裁判執行的職責。

　　第十二，比賽分兩個15分鐘進行，中間休息5分鐘。

　　第十三，球賽時間到，以中球多者為勝。如平局，經雙方隊長同意，比賽可延至誰先命中一球為止。

　　1892年以前，規則對人數沒有限制，1893—1897年規定人數有5人、9人兩種，由中圈跳球開始比賽，增加犯規罰球規定，進攻隊員投中一球得2分，罰中一球得1分，隊員可換手運球，1901年規定運球隊員不能投籃，1908年又取消了此規定。1915年規定了可以用單、雙手運球，但不允許用腳踢球。

　　1932年，比賽共2節，每節時間為20分鐘，增加3秒、10秒和球回後場的規則；增加後場持球隊員被嚴密防守5秒判為爭球的規定。

　　1936年後，正式確定每隊上場人數為5人，取消投中後在中圈跳球的規定，改由對方在端線外發球繼續比賽，並規定隊員累計犯規4次將被取消比賽資格。

　　1956年以後，增加了一次進攻限定為30秒和持球隊員在前場被嚴密防守達5秒應判爭球的規定。

　　1972年後，增加球回後場和全隊10次犯規規則；增加控制球隊的犯規，規定對投籃隊員犯規時投中有效再追加1次罰球，如未投中則實行「3代2」罰球，並將「垂直原則」和「合法防守位置」等身體接觸的原則正式列入規則。

1980年，全隊每半場犯規次數由10次改為8次，1984年全隊每半時犯規由8次改為7次，增加全隊每半時7次犯規後執行1+1罰球的規則。

1994年，國際業餘籃聯改7次後執行1+1罰球為2次罰球。1998年，為適應籃球運動技、戰術迅速發展，對抗強度加劇和商業化、職業化的需求，國際業餘籃聯允許選擇4×10分鐘或4×12分鐘的比賽時間，增加了違反體育道德犯規的規定。

2000年一次進攻時間修改為24秒；後場推進到前場的時間由10秒改為8秒；每隊每節犯規4次以後所有的犯規都要處以2次罰球（進攻犯規除外）。從2000年奧運會開始，比賽時間一律改為四節制，每節10分鐘，並採用三人制裁判。

（六）籃球運動發展大紀事

籃球運動從誕生起，三個月的時間內便普及到了美國的各個地方。1892年傳入加拿大、墨西哥；1893年傳入法國；1895年傳入中國、英國。

1896年，美國官方成立了「籃球規則委員會」，負責研究規則問題。1898年，美國成立了世界上第一個職業籃球組織——國家籃球聯盟（NBL），並開始了最早的職業籃球聯賽，籃球運動傳入捷克斯洛伐克。

1901年傳入日本和伊朗；1904年，美國青年男子籃球隊在第3屆奧運會上第一次舉行進行了籃球表演賽。

1905年傳入俄國，之後又傳到南美、東歐、中東等一些國家和地區，籃球運動在世界各國開展起來。

1908年美國制定了全國統一的籃球規則，並有多種文字出版，發行於全世界。

1932年，在瑞士的日內瓦，由葡萄牙、羅馬尼亞、瑞士、義大利、希臘、拉托維亞、捷克斯洛伐克、阿根廷8個國家出席會議，成立了國際業餘籃球聯合會（FIBA），瑞士的蔡昂·布法爾首任主席。在這次代表大會上首次制定了國際籃球競賽規則，決定每四年對規則修改一次。

1935年第1屆歐洲男子籃球錦標賽在瑞士舉行，1936年第11屆奧運會上男子籃球運動被列為正式比賽項目，國際業餘籃聯出版了第一部國際統一的籃球規則。

1938年第1屆歐洲女子籃球錦標賽在義大利舉行。

1946年6月6日美國11家冰球老闆聯合成立了全美籃球協會（BAA），最初只有11支職業籃球隊，1949年BAA吞併NBL並改名為NBA，NBA正式成立。

1950年和1953年第一屆世界男、女籃球錦標賽分別在阿根廷和智利舉行。隨著籃球運動技、戰術水準不斷提升，出現了大批2公尺以上的高大隊員，高度成為決定籃球比賽勝負的重要因素。

1960年和1965年第1屆亞洲男、女籃球錦標賽分別在菲律賓和韓國舉行。1976年，第21屆奧運會上女子籃球被正式列為比賽項目。

1989年，FIBA取消了對職業籃球運動員參加國際大賽的限制，允許職業球員參加國際大賽，1992年第25屆奧運會上美國男籃開始組建「夢幻隊」參賽，標誌著現代籃球運動發展的新趨勢。

第二節　籃球場地常識

一、籃球場地的規格標準

標準的籃球比賽場地應是一塊平坦、堅實且無障礙物的硬質表面，其尺寸（從界線的內沿丈量）長邊的界線叫邊線長28公尺，短邊的界線叫端線寬15公尺。界線距離其他障礙物至少2公尺，界線距離觀眾席至少5公尺（圖1-19）。

中線從兩條邊線的中點畫出，平行於端線，向每條邊線外延伸15公分。中圈從圓周的外沿丈量，其半徑為1.80公尺。

球隊席區域必須有14個座位提供給球隊席人員使用。球隊席人員包括教練員、助理教練員、替補隊員、出局的隊員和隨隊人員。其他任何人員須在球隊席後面至少2公尺處。

兩條15公分長的擲球入界線畫在記錄台對側、比賽場地外的邊線上，其外沿距離就近端線的內沿為8.325公尺。在第4節的最後2分鐘和／或每一個決勝期的最後2分鐘期間，在後場擁有球權的隊請求並執行了暫停後，應在記錄台對側、該隊前場的擲球入界線處執行擲球入界。

某隊的前場由對方的球籃、籃板的界內部分以及對方球籃後面的端線、兩條邊線和距對方球籃最近的中線內沿所限定的比賽場地部分組成。某隊的後場由該隊本方的球籃、籃板的界內部分以及由該隊本方球籃後面的端線、兩

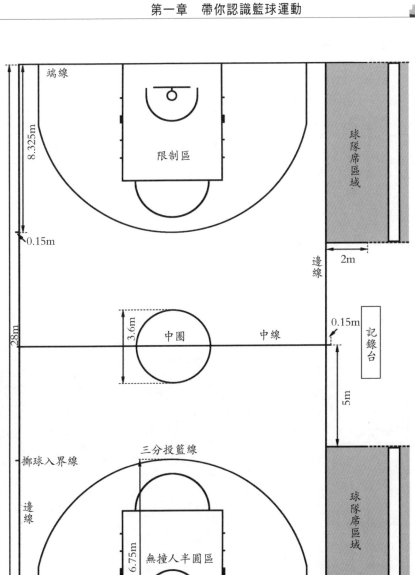

圖1-19　比賽場地的全部尺寸

條邊線和中線所限定的比賽場地部分組成。中線是後場的一部分。

二、2分和3分投籃區域

某隊的2分投籃區域（圖1-20）畫法以籃圈中心投影點為圓心（此圓心距離端線內沿的中點是1.575公尺），以6.75公尺的圓弧為半徑（圓弧外沿）畫半圓，從端線引出兩條垂直於端線的平行線（該平行線外沿距離邊線內沿0.90公尺），圓弧與兩條平行線相交所形成的區域為2分投籃區域。

除被上述條件限制的區域之外的整個比賽場地的地面區域為3分投籃區域。

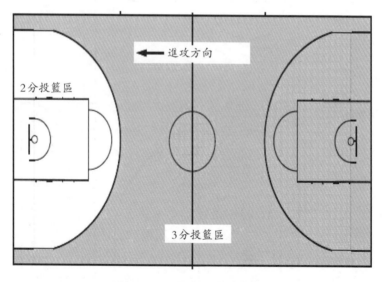

圖1-20　2分和3分投籃區域

三、籃板和籃圈

籃板的橫寬為1.80公尺（最大多出30毫米），豎高為1.05公尺（最大多出20毫米）。如果籃板是透明的，籃板上的所有線條應是白色。如果籃板漆成白色是非透明的，應是黑色，線寬5公分，籃圈上方的長方形底邊的上沿與圈頂水平面齊平，橫寬59公分，豎高45公分（圖1-21）。

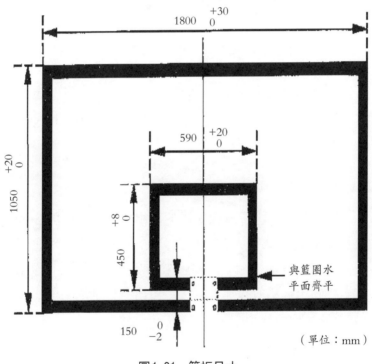

圖1-21 籃板尺寸

籃圈用實心鋼材製成，其內沿直徑最小為45公分，最大為45.9公分（圖1-22）每個籃圈的頂沿應水平放置，距

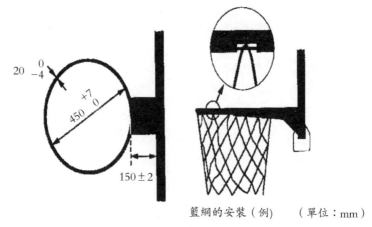

籃網的安裝（例)　　（單位：mm）

圖1-22　籃圈和籃網

地面 3.05 公尺（最多 ±6 毫米），與籃板的兩條豎邊等距離。籃網應用白色細繩製成並且長度不短於 40 公尺，也不長於 45 公分。

四、籃　球

　　球的外殼應由皮革或人造的／複合的／合成的皮革製成。充氣到使球從大約 1.80 公尺的高度（從球的底部量起）落到比賽地板上，反彈起來的高度在 1.20 公尺至 1.40毫米之間（從球的頂部量起）。對所有級別的男子比賽用7 號球，對所有級別的女子比賽用 6 號球。

五、器　材

(一)比賽計時鐘

比賽計時鐘應放置在與比賽有關的（包括觀眾在內）

每一個人都能清楚看到的地方,用來顯示剩餘的比賽時間。

(二)記錄板

設置在比賽場地的每一端,也可以安裝一個立方體的記錄板設置在比賽場地中央的上方,讓與比賽有關的(包括觀眾在內)每一個人都能清楚地看到記錄上板顯示的資訊(圖1-23)。

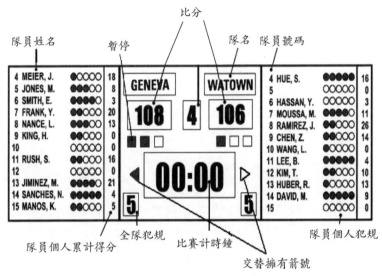

圖1-23　籃球比賽的記錄板

(三)24秒鐘裝置

24秒鐘裝置(圖1-24)應有:一個提供給24秒鐘計時員的單獨的控制器,帶有非常響亮的自動信號,以便當顯示器顯示零(0)時指明24秒週期結束;一個帶有數字

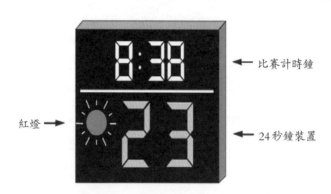

比賽計時鐘

紅燈

24秒鐘裝置

圖1-24　24秒鐘裝置

倒計時的顯示器，只指示秒的時間。

(四)隊員犯規標誌牌

為記錄員提供的5塊隊員犯規標誌牌應是白色的，數字為1～5（1～4的數字為黑色，5為紅色）。

(五)全隊犯規標誌牌

為記錄員提供的2塊全隊犯規標誌牌應是紅色的。最小高350毫米、寬240毫米。放置在記錄台的兩邊，用以指示從1到5的全隊犯規次數，並能表明該隊達到全隊犯規處罰狀態。

(六)交替擁有指示器

為記錄員提供一個交替擁有指示器（圖1-25）應有：一個最少長100毫米和高100毫米的箭號。

在前面顯示一個箭號，打開開關時亮的紅色箭號指明交替擁有的方向。交替擁有箭頭應指向擁有下次交替擁有

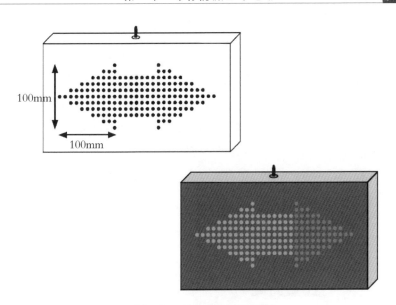

圖2-25　交替擁有指示器

擲球入界權的隊的進攻方向。

第三節　籃球競賽規則常識

一、球　隊

每支球隊應有不超過12名有資格參賽的球隊成員，其中包括一名隊長。一名教練員；如果球隊需要，可有一名助理教練員。最多有5名有專門職責的隨隊人員可以坐在球隊席上，如球隊管理、醫生、理療師、統計員、翻譯等。

在比賽時間內，當一名球隊成員在比賽場地上，並且有資格參賽時，是一名隊員。當一名球隊成員不在比賽場

地上，但是有資格參賽時，是一名替補隊員。

　　球隊必須至少備有兩套背心，並且秩序冊中隊名列前的隊（主隊／或「A」隊）應穿淺色背心（最好白色），秩序冊中隊名列後的隊（客隊／或「B」隊）應穿深色背心。但是如果兩隊同意，他們可以互換背心的顏色。球員背心前後的主導顏色相同，所有隊員必須將他們的背心塞入他們的比賽短褲內。每一名球隊成員應穿前後有號碼的背心，球隊使用的號碼應是4至15號。

二、比賽通則

(一)比賽時間

　　比賽應由4節組成，每節10分鐘。在上半時的第1節和第2節（上半時）之間、第3節和第4節（下半時）之間以及每個決勝期之前都應有2分鐘的比賽休息時間。上下半時之間的比賽休息時間應是15分鐘。如果第4節的比賽時間結束時比分相等，比賽有必要再繼續一個或幾個5分鐘的決勝期來打破平局。

(二)比賽開始

　　對於所有的比賽，秩序冊中隊名列前的隊（主隊／或「A」隊）應擁有在記錄台（面向比賽場地）的左側的球隊席和本方球籃。然而，如果兩隊同意，他們可以互換球隊席和／或球籃。在第1節和第3節前，球隊有權在對方的球籃所在的半場做賽前準備活動。

　　球隊在下半時應互換球籃。在所有的決勝期中，球隊

應繼續進攻與在第4節比賽方向相同的球籃。

(三)活球和死球

　　跳球中，球離開主裁判員拋球的手時；罰球中，罰球隊員可處理球時；擲球入界中，擲球入界的隊員可處理球時，球成活球。

　　在任何投籃或罰球中籃時；活球中，裁判員鳴哨時；比賽計時鐘信號響以結束每節時；球隊控制球，出現24秒計時鐘信號響時等情況，球成死球。

(四)跳球與交替擁有程式

1. 跳 球

　　在第1節開始時，一名裁判員位於中圈，在任何兩名互為對方隊的隊員之間將球拋起，即是一次跳球。

　　當雙方球隊各有一名或多名隊員有一隻手或雙手緊握在球上，以至於不採用粗野的動作使任一隊員都不能獲得控制球時，即是一次爭球。

　　交替擁有是用擲球入界而不是用跳球來使球成為活球的一種方法。

2. 交替擁有程式

　　（1）跳球後，未在比賽場地上獲得控制活球的球隊將擁有第一次交替擁有球權。

　　（2）在任一節結束時，擁有下次交替擁有球權的隊將在記錄台對側的中線延長線擲球入界開始下一節，除非

要執行罰球和球權罰則。

（3）在所有的跳球情況中，雙方球隊將交替擁有在最靠近發生跳球情況的地點擲球入界的球權。

（4）交替擁有箭頭應指向擁有下次交替擁有擲球入界權的隊的進攻方向。

(五)投 籃

投籃是隊員手中持球，然後朝對方球籃將球投擲入空中（投），或用手直接把球打向對方球籃（拍），或用一隻手或雙手迫使球向下進入對方球籃（扣）。

根據裁判員判斷，當隊員已經向對方的球籃投、拍或扣球時，為投籃開始；當球已離開該隊員的手時，如果是騰起在空中的投籃隊員，他必須雙腳落回到地面，為投籃結束。

當一個活球從上方進入球籃並停留在球籃內或穿過球籃時是球中籃。一次罰球中籃計1分；從2分投籃區域中籃計2分；從3分投籃區域中籃計3分。在最後一次或僅有一次罰球中，球觸及籃圈後，在球進入籃圈前被一名進攻隊員或防守隊員合法地觸及，中籃計2分。

(六)暫 停

教練員或助理教練員提出請求中斷比賽是暫停。在暫停機會期間可以准予暫停。每次暫停應持續1分鐘。上半時每個球隊可以准予2次暫停；下半時可以准予3次暫停，以及在每一個決勝期的任何時間可以准予1次暫停。未用過的暫停不可轉入下一個半時或決勝期。

規則規定只有教練員或助理教練員有權請求暫停。他

應到記錄台做出正確的手勢清楚地請求暫停。暫停機會一開始，記錄員就應發出信號，通知裁判員已提出了暫停請求。暫停 50 秒鐘時，計時員應發出信號。暫停 1 分鐘時計時員發出第二聲信號，通知暫停時間到。

(七)替 換

由替補隊員請求中斷比賽成為一名隊員是一次替換。在替換機會期間球隊可以替換隊員。在一次替換機會期間，一個隊可以替換一名或多名隊員。

規則規定只有替補隊員有權請求替換。他（不是教練員或助理教練員）應到記錄台清楚地要求替換，用雙手做出替換手勢或坐在替換椅子上。

三、違 例

(一)違例的概念和罰則

違例是違犯規則。將球判給對方隊員在最靠近發生該違例的地點擲球入界，但正好位於籃板後面的地點除外，除非在規則中另有規定。

(二)球出界

在球出界以及球觸及了除隊員以外的其他物體而出界之前，最後觸球或被球觸及的隊員是使球出界的隊員。

(三)腳踢球違例和拳擊球違例

隊員不得故意地用腿的任何部位阻擋球或用拳擊球。

如果球意外地接觸到腿的任何部位，或是腿的任何部位意外地觸及球，就不算違例。腳踢球違例中腿的任何部分是指包括大腿、小腿和腳。

(四)擲球入界違例

出現下列情況應判擲界外球違例：

①擲界外球隊員超過5秒鐘球才離手；

②球在他手中時步入比賽場地內；

③擲球入界的球離手後，使球觸及界外；

④在球接觸到另一隊員前，在場上觸及球；

⑤直接使球進入球籃；

⑥在球離手前，從界外指定的擲球入界地點（*在一次投籃成功或最後一次的罰球成功後，從該隊的端線後擲球入界除外*）向一個或兩個方向橫向移動總距離超過1公尺。然而，只要情況允許，從界線向後移動多遠都可以。

罰則是將球判給對方隊員在原擲球入界的地點擲球入界。

(五)非法運球

當運球隊員雙手同時觸球或允許球在一隻手或雙手中停留時運球結束。

隊員在他的第一次運球結束後不得再次運球，否則為非法運球。

當隊員連續的投籃、在一次運球的開始或結束時的漏接球等情況不屬於非法運球。

（六）帶球走

1. 中樞腳的確定

（1）隊員雙腳站立在地面接住一個活球時，一腳抬起的瞬間，另一腳就成為中樞腳。

（2）隊員在移動中接球時，如果一腳正接觸著地面，該腳就成為中樞腳。如果雙腳離開地面時接球且隊員雙腳同時落地，那麼，一腳抬起的瞬間，另一腳就成為中樞腳。如果雙腳離開地面接住一個活球並且該隊員一腳落地時，該腳就成為中樞腳。

如果該隊員又跳起這隻腳並且雙腳同時落地停步，那麼，哪隻腳都不是中樞腳。

2. 規則對中樞腳的限定

（1）開始運球時，在球離手之前中樞腳不可抬起。

（2）傳球或投籃時，該隊員可以跳起中樞腳，但在球離手之前任一腳都不得落回地面。

（3）停步時哪隻腳都不是中樞腳，開始運球時，在球離手之前哪隻腳都不得抬起。

（4）當一名隊員持著球跌倒並在地面上滑行，或躺或坐在地面上時獲得了控制球，這是合法的。如果該隊員隨後持球滾動或嘗試站起來，這是違例。

（七）3秒鐘違例

當某隊在前場控制活球，並且比賽計時鐘正在運行

時，該隊的隊員不得在對方隊的限制區內停留超過持續的3秒鐘。

隊員在限制區內停留接近或超過3秒鐘，如果隊員：嘗試離開限制區；他或他的同隊隊員正在做投籃動作，並且球正離開或恰已離開投籃隊員的手；在限制區內已接近持續的3秒鐘時，他運球去投籃時，以上情況不判罰3秒鐘違例。

(八)8秒鐘違例

一名隊員在他的後場獲得控制活球時或在擲球入界中，球接觸後場的任何隊員或被在後場的任何隊員合法觸及，擲球入界隊員所在隊仍擁有後場的球權。該隊必須在8秒鐘內使球進入他的前場。

(九)24秒鐘規則

一個隊員在比賽場地上獲得控制活球時以及在擲球入界中，球觸及任何一名場上隊員或被他合法觸及，並且擲球入界隊員的球隊仍然控制球時，該隊必須在24秒鐘內嘗試投籃。

即球必須在24秒計時鐘信號響前離開隊員的手，並且在球離開了該隊員的手後，球必須觸及籃圈或進入球籃。

(十)球回後場

當一個控制活球球隊的隊員在他的前場最後觸及已進入他前場的球，之後該隊員或他的同隊隊員又首先觸及已進入後場的球時，為球回後場違例。

球回後場的罰則是將球判給對方隊員在他們的前場最靠近發生該違犯的地點擲球入界，直接位於籃板後面的地點除外。

四、犯 規

(一)犯規的概念

　　犯規是對規則的違犯，含有與對方隊員非法的身體接觸和／或違反體育道德的舉止。

(二)犯規的分類

　　犯規分為侵人犯規和技術犯規兩大類。由於犯規數量、性質、場合及對象的不同，又派生出雙方犯規、違反體育道德的犯規、隊員技術犯規、教練員技術犯規、替補隊員或隨隊人員的技術犯規、比賽休息時間內的技術犯規、取消比賽資格的犯規和打架。

(三)侵人犯規

1. 侵人犯規的概念

　　指無論是在活球或死球的情況下，攻守雙方隊員發生的身體接觸的犯規。

　　侵人犯規的特徵是由一名隊員發生的犯規；犯規必須包含接觸；接觸必須是發生在對方隊員的身上的。

2. 侵人犯規的罰則

應給犯規隊員登記一次侵人犯規。

（1）如果對沒有做投籃動作的隊員發生犯規，由非犯規的球隊在最靠近發生該違犯的地點擲球入界重新開始比賽。如果非控制球隊犯規並處於全隊犯規處罰狀態，則由對方罰球兩次。如果是控制球隊犯規則由對方隊員擲球入界。

（2）如果對正在做投籃動作的隊員發生犯規，若投籃成功，應計得分並追加1次罰球，若投籃不成功，則根據投籃區域，執行2次或3次罰球。

3. 裁決身體接觸與犯規的一般原則

裁決身體接觸與犯規的一般原則有圓柱體原則、垂直原則、合法防守位置、防守控制球的隊員、防守不控制球的隊員、騰空的隊員、掩護；合法的和非法的、撞人、阻擋、無撞人半圓區、用手／或手臂接觸對方隊員、中鋒位置的攻防、背後非法防守、拉人、推人。

（1）圓柱體原則

圓柱體定義為：一名站立在地面上的隊員佔據在一個假想的圓柱體空間內。它包括該隊員上方的空間，並且它的範圍被限定為：前面由手的雙掌，後面由臀部和兩側由雙臂和雙腿的外側（圖1-26）。

雙手和雙臂可以在軀幹前面伸展，肘部的雙臂彎曲不能超過雙腳的位置，因此兩前臂和雙手是舉起的。他雙腳間的距離因他的高度有所不同。

圖1-26　圓柱體原則

（2）垂直原則

　　在比賽中，每一名隊員都有權佔據未被對方隊員佔據的地上的任何位置（圓柱體）。

　　這個原則是保護隊員所佔據的地面空間，以及當他在此空間內垂直跳起時的上方空間。一旦隊員離開他的垂直位置（圓柱體）並與已建立了自己垂直位置（圓柱體）的對方隊員發生身體接觸時，則由離開垂直位置（圓柱體）的隊員對此接觸負責。

　　防守隊員垂直地離開地面（在他的圓柱體內），或在他自己的圓柱體內將雙手和雙臂伸展在他的上方，則不必判罰。

（3）合法防守位置

　　當一名防守隊員正面對他的對手，並且雙腳著地時，他已建立了他最初的合法防守位置。

（4）合法掩護／非法掩護

當正在掩護對手的隊員在發生接觸時是靜止的（在他的圓柱體內）並且在發生接觸時雙腳著地，是合法掩護。

當正在掩護對手的隊員在發生接觸時正在移動，或者正對一名靜止的對方隊員的視野之外做掩護，在發生接觸時沒有給出足夠的距離以及在發生接觸時，對移動中的對方隊員沒有顧及時間和距離的因素，是非法掩護。

（5）撞　人

撞人是持球或不持球的隊員推開或移動到對方隊員軀幹的非法身體接觸。

（6）阻　擋

指阻礙持球或不持球的對方隊員行進的非法身體接觸。

（7）非法用手

用手接觸對方隊員，其本身未必是犯規。裁判員應判定引起接觸的隊員是否已經獲得了利益。如果造成接觸的隊員以任何方式限制了對方隊員的移動自由，這樣的接觸是一起手部犯規。

當防守隊員處於防守位置，並且其手或手臂放置在持球或不持球的對方隊員身上並保持接觸以阻礙其行進，就發生了非法用手或非法伸展手臂。

當持球隊員突破時，防守隊員沒有移動到位或者是根本沒有移動而是在側面用手臂去攔、拉、推進攻隊員，阻礙了運球隊員進攻並且獲得了利益，這就是一起犯規。反覆地觸及或「戳刺」持球或不持球的對方隊員是犯規，因為它可能導致粗暴的比賽。

當持球隊員突破時，防守隊員在移動過程中用雙手放

在突破隊員身上也是犯規。

　　運球隊員為了獲得不正當利益用手臂或肘鉤住或纏繞住防守隊員，這是一起進攻犯規。運球隊員為了阻止防守隊員防守或試圖搶球，或者在他和防守隊員之間創造更大的空間，推開或阻止防守隊員，是犯規。用手或手臂推開防守隊員擺脫去接球，也是犯規。

（8）推　人

　　隊員用身體的任何部位強行地挪動或嘗試挪動控制球或未控制球的對方隊員時發生的非法身體接觸。

(四)違反體育道德的犯規

1. 違反體育道德的犯規的概念

　　違反體育道德的犯規是根據裁判員的判斷，一名隊員不是在本規則的精神和意圖的範圍內合法地試圖去直接搶球而發生接觸的犯規。

2. 判定違反體育道德的犯規的原則

　　在整場比賽中，裁判員對違反體育道德的犯規的解釋必須始終如一，並且只是判定其動作。

　　如果一名隊員不努力地去搶球並（與對方隊員）發生接觸，這是一起違反體育道德的犯規。如果一名隊員在努力地搶球中造成（與對方隊員）過分的接觸（嚴重犯規），這是一起違反體育道德的犯規。如果一名防守隊員正試圖阻止對方隊員的一次快攻，從對方隊員後面或側面與其發生接觸，並且此時在進攻隊員和對方球籃之間沒有防守隊員，這是一

起違反體育道德的犯規。

3. 違反體育道德的犯規罰則

應給犯規隊員登記一次違反體育道德的犯規。

應判給被犯規的隊員執行罰球（如果對沒有做投籃動作的隊員發生犯規執行2次罰球；如果對正在做投籃動作的隊員發生犯規，如果球中籃，應計得分並追加1次罰球；如果對正在做投籃動作的隊員發生犯規並且球未中籃，應執行2次或3次罰球）並隨後在記錄台對側的中線延長部分擲球入界。

隊員被登記2次違反體育道德的犯規時，他應被取消比賽資格。

(五)技術犯規

1. 技術犯規的概念

技術犯規是一個行為性質的、無接觸的犯規。

2. 球隊席人員的技術犯規

指球隊席人員與裁判員、技術代表、記錄台人員或與對方隊員的交流中沒有禮貌或無禮地冒犯他們的犯規；或是一種程式上的或是管理性質的違犯。

3. 隊員技術犯規

（1）隊員技術犯規的情況
A. 無視裁判員已給出過的警告。

B.無禮地觸碰裁判員、技術代表、記錄台人員或球隊席人員。

C.與裁判員、技術代表、記錄台人員或對方隊員的交流中沒有禮貌。

D.使用可能冒犯或刺激觀眾的粗話或手勢。

E.戲弄對方隊員或在對方隊員的眼睛附近搖手以妨礙他的視線。

F.過分揮肘。

G.當球穿過球籃後，以故意觸球或阻止迅速地開始執行擲球入界的方式來延誤比賽。

H.跌倒以「偽造」一起犯規。

I.懸吊在籃圈上，致使隊員的全部重量由籃圈支撐，除非扣籃後隊員瞬間抓住了籃圈，或據裁判員的判斷，他是試圖防止自己受傷或另一名隊員受傷。

J.在最後一次或僅有一次的罰球中防守隊員干涉得分，應判給進攻隊得1分，隨後執行登記在該防守隊員名下的技術犯規的罰則。

（2）技術犯規的罰則

判罰隊員的技術犯規應作為隊員犯規，登記在該隊員名下，並計入全隊犯規中。

判球隊席人員，應登記在教練員名下，並不計入全隊犯規中。

應判給對方隊員1次罰球，並隨後在記錄台對側中線的延長部分擲球入界。

五、一般規定

(一)隊員5次犯規

一名隊員已經發生了5次侵人犯規和/或技術犯規時，裁判員應將此情況通知其本人，他必須立即停止比賽，並且他必須在30秒鐘內被替換。

(二)全隊犯規處罰狀態

某隊在一節中的全隊犯規已經發生了4次時，該隊是處於全隊犯規處罰狀態。

(三)罰 球

一次罰球是給予一名隊員從罰球線的半圓內的位置上，在無人爭搶的情況下得1分的機會。

第二章
怎樣成為控球高手

運球是籃球運動中必不可少的一個組成部分，對於個人和團隊進攻來說都是非常重要的。

第一節　運球基本動作

運球是持球隊員用手連續按拍藉助地面反彈起來的球的動作方法。運球是籃球比賽中持球隊員移動的手段，它不僅是個人擺脫防守進行攻擊的方法，而且是組織全隊進攻配合的橋樑，並且對發動快攻、突破緊逼防守都起著較大的作用。熟練的運球是運動員球性的體現，透過不斷的練習，能促進隊員球性的提升，從而增強控制、支配球的能力。

運球是籃球比賽中個人攻擊和與同伴組成配合攻擊的重要技能。運球是用手指、手腕連續做拍按動作使球藉助地面反彈起來的動作過程。

運球的手法是：運球時，非運球手臂屈肘平抬，用以保護球，運球手五指自然張開，朝向身體的側前方，主動迎接地面反彈起來的球，並隨球的力量向上緩衝，然後用力向下拍按球，如此反覆進行。前進時拍按球的後側上方，變向時拍按球的外側上方。拍按球的部位應與移動的方向、速度協

調配合。球與地面的作用關係應是入射角和反射角相等。

運球是籃球運動中必不可少的一個組成部分,對於個人和團隊進攻來說都是非常重要的。運球的基本動作包括基本動作、球的落點及手腳配合三個環節。

一、基本動作

兩腳前後開立,兩膝微屈,上體微前傾,眼睛平視。非運球手臂屈肘平抬,以便保護球和維持身體平衡。運球時腳步動作幅度和下肢關節的角度隨運球的速度和高度的不同有所變化。速度快時,則腳步幅度大,反之則小。

運球時,手指自然張開,用手指和指根以上的部位及手掌外緣接觸球(手心空出)。運球動作隨比賽情況而有所不同,低運球時以腕關節為軸,手臂做屈伸動作快速拍按球,高運球時以肩關節為軸用手拍按球。當球從地面反彈起來時,用屈前臂、伸腕和手指的動作緩衝球向上反彈的力量,以控制球的反彈高度、速度和角度。

由於手按拍球的部位不同,球向地面的入射角不同,球從地面反彈起來的反射角也不同;由於手按拍球的力量不同,球從地面反彈的高度和速度也不同。在原地運球時,手按拍球的正上方,行進間運球時,手按拍球的後上方,一般是按拍一次球,跑兩步。向左、右變方向運球時,手按拍球的左、右上方。

二、控制球的落點

控制球的落點是衡量運動員運球技術好壞的重要標誌之一,也是關係到運球成敗的關鍵之一。球的落點不好,

既影響對球的控制，又影響運球的速度。

第一，應有球粘在手上的感覺。應儘量加長手迎球緩衝的時間與按壓球的過程（在規則允許範圍內）；

第二，使球始終落在前進方向的側前方；第三，球的移動速度與運動移動速度要一致。

三、手、腳、身體的協調配合

運球技術的關鍵，是手對球的控制能力和腳步移動的熟練程度以及手、腳的協調配合，只有熟練地掌握運球技術，才能更好地控制球反彈的角度、高度、速度，保持球與腳步移動協調一致，做到得心應手、運用自如。

在移動速度不變的情況下，能否保持腳步動作和手部動作協調一致，在速度上同步進行，關鍵在於拍按球的部位、落點的選擇和力量大小的運用。腳步移動越快，拍按球的部位越是靠後上，落點越遠、反彈起來的力量越大。反之，部位越靠上落點越近，力量越小。運球時手腳動作要保持一定的比例關係和節奏。一般直線運球會運球一次，跑兩或三步（圖2-1）。

圖2-1

第二節　運球技術動作分類

運球是比賽中最常被濫用的一項基本技術。你要明白何時需要運球，何時不能運球，一次傳球要比運球快許多倍，因此在運球前，一定要注意觀察出現空檔的同伴並及時傳球給他。如果你運球太多，你的同伴就會停止移動，從而使防守變得更加容易。過多運球會破壞團隊的協作和士氣。

不要養成接到球就自動運球的壞習慣。不必要的運球會使你錯失傳球給有空檔同伴的機會，或者是你要停止運球後才能傳球給處於空檔的同伴。

當你迅速地運球一到二次，然後拿起球時，你的防守者就會更容易對你進行緊逼並破壞你的投籃。它也會使你的對手更容易防住你的傳球，因為你不再有突破的威脅。一旦你開始運球，記住不要輕易停球，直到你的同伴出現空檔接球。

為了成為一名優秀的場上組織隊員，你必須使每一隻手都能熟練地運球，努力培養球是你手臂延伸部分的這種感覺。始終保持抬頭姿勢，注視整個場地，在恰當的時間做出正確的決策。你運球的好壞——你的控球能力、時機把握、假動作以及靈敏度——主要取決於你作為場上組織隊員的經驗。

運球在比賽中的具體運用時機：

■把球運出隊員密集的區域。當不能傳球給同伴時，例如搶到籃板球後或被夾擊時，可以利用運球來擺脫；

■當找不到無人防守的接球隊員時，應向前場運球推進，尤其是在破緊逼防守時；

■向籃下突破時；

■吸引防守為同伴創造空檔時；

■組織進攻戰術時；

■在傳球給同伴之前調整你的位置和角度；

■為自己創造投籃機會。

因此，根據運球的具體用途可以分為控制性運球、推進性運球和突破性運球。

一、控制性運球

當持球隊員被緊逼防守時，他必須保護好球並且使球在自己的控制之下，這就需要採用控制性運球。良好的身體姿勢是控制性運球的基礎，運球時要抬頭，注視籃圈，保持頭部和背部正直，兩腳至少與肩同寬，身體重心均勻分佈在兩腳腳前掌，屈膝降重心，隨時準備移動。

運球手的肘關節靠近身體，五指自然分開，用指尖控制球，手心空出，透過手腕和手指的屈伸按拍從地面反彈起來的球，運球靠近身體，非運球手臂張開保護球，使身體在防守者和球之間（圖2-2）。

要點：

※抬頭，注視籃圈。

※運球靠近身體，並且低於膝關節。

※要確保中樞腳離地前球離手。

※透過手腕力量和手指的彎曲用手指按拍球。

※利用身體與非運球手來保護球。

圖2-2

二、推進性運球

推進性運球是隊員在獲得球的基礎上,在無人防守的情況下,運球從後場向前場推進的一種方法。

推進性運球時,向前幾步遠的體側前方推球,然後追球,透過手腕和手指的屈伸按拍從地面反彈起來的球,球反彈到腰部高度,中樞腳離地前球要離手,抬頭,注視籃圈,利用身體和非運球手保護球(圖2-3)。

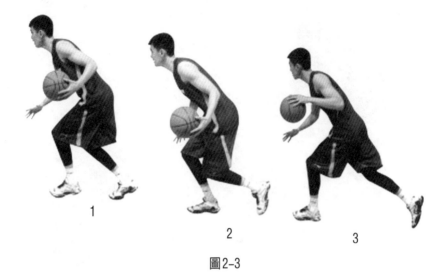

1　　　　　2　　　　　3

圖2-3

要點：

※抬頭，注視籃圈。

※向前幾步遠的距離擲球，然後追球。

※在腰部高度向前推球。

※要確保中樞腳離地前球離手。

※透過手腕和手指的彎曲，用手指來運球。

※利用身體和非運球手保護球。

三、突破性運球

突破性運球是隊員在獲得球的基礎上，利用各種腳步動作和運球手法，力求突破防守隊員的各種運球過人的方法（圖2-4）。

要點：

※觀察防守人的位置。

1

2

3

圖2-4

※突破時重心降低。

※變向或變速時要有加速動作。

※利用身體和非運球手保護球。

第三節　運球的實戰運用

在比賽中，合理的運球可以創造有利的進攻機會，如果盲目運球則會貽誤戰機。

■運球隊員要擴大視野，全面觀察場上的情況。當同伴被對方嚴密防守不能傳球時，可以運球調整位置或由運球尋找傳球時機。

■運球時，要善於應用假動作迷惑對手，靈活地運用各種運球動作，藉以擺脫防守的阻擾，並把運球與傳球、投籃動作結合起來。

■運球隊員要準確地判斷，及時地捕捉傳球或投籃機會。當同伴擺脫防守，搶佔有利的進攻位置時，運球隊員要及時地將球傳給同伴，在防守隊員失去有利的防守位置時，運球隊員要及時地運球投籃。

■在組織和發動快攻過程中，搶到防守籃板球時，防守隊員積極封堵第一傳、堵截接應隊員，這時持球隊員可用運球突破擺脫防守，然後迅速地將球傳給接應隊員或快下隊員，在快速推進和結束過程中，快下隊員被對方嚴密防守時，可用運球快速推進或運球投籃。

■在組織陣地進攻中，當對方擴大防區時，可用運球壓縮防守，當進攻位置不合適時，可用運球調整位置，當對方用緊逼防守時，可用運球突破，打亂對方的防守部署。

一、體前變向運球

體前變向運球最重要的是創造空檔。體前變向運球的有效性取決於你從一個方向向另一方向變向運球的速度。

運用體前變向運球以向後的角度在你身前交叉運球，從一手到另一手變向運球。在控制運球時變向運球，球低於膝關節，並且靠近身體。快速變向運球，運球高度在腰部水平。當你變向運球時，運球手抬起，並由變換前腳和身體姿勢來保護球（圖2-5、圖2-6）。

要點：

※抬頭，注視籃圈。

※球控制在膝關節高度。

※用身體和非運球手保護球。

※在身前以向後的角度交叉運球，換手。

※運球靠近身體。

※用身體和非運球手保護球。

圖2-5

圖2-6

二、後轉身運球

　　當你變向時後轉身運球可以使身體在球和防守隊員之間保護球。

　　然而不利之處在於你在短暫的時間內看不到試圖搶斷球的其他防守隊員。後轉身運球最好被用於突破防守者緊逼你運球手一側時的進攻移動技術，它可以使你在相反方

向創造投籃機會。

　　後轉身運球是一個兩次運球移動的方式，開始時向後運球，異側腳向後跨步同時肩膀向你運球手一側轉動，當你第二次運球時，後腳向前跨步，用同一隻手運球靠近身體，完成轉身運球後，換手接著運球（圖2-7）。

　　要點：

　　※堅決向前運球。

1

2

3

4

5

圖2-7

※向身體後側運球，以前腳為軸向後轉身。

※後腳向後跨步。

※在運球轉身時球在你的兩腿之間。

※轉身後快速轉頭，向前運第二次球。

三、背後運球

當你變向時背後運球使你的身體在球和防守隊員之間，這樣可以保護球。

一般適用於在開闊場地上前面防守隊員重點防守你的運球手一側。雖然背後運球比其他運球需要更多的訓練，但它是非常值得努力的。

與體前變向運球相比，背後變向運球使你身體在球和防守隊員之間，與後轉身運球相比，它使你變向時能始終看到籃圈和其他防守隊員。

背後運球比後轉身運球更快，幾乎與體前變向運球一

1

2

圖2-8

1

2

圖2-9

樣快（圖2-8）。

　　像後轉身運球一樣，背後運球是兩次運球移動。再次
向後運球，當你在背後拉第二次球時向前挺髖，球在前進
方向靠近身體到另一隻手，第二次運球後，換手，利用身
體和非運球手保護球（圖2-9）。

要點：

※抬頭，注視籃圈。

※在身體後面第一次運球。

※用身體和非運球手保護球。

※向前挺髖。

※肩、腕部同時在身後第二次拉球，接著向前移動，球靠近身體。

※換手，控制運球在膝關節高度。

第四節　常用運球練習

一、運球熱身

運球熱身練習可以提升強、弱手的運球能力和信心。這個練習分為5個部分：體前變向換手運球、8字運球、單膝運球、坐位運球、臥位運球。

體前變向換手運球

以平衡的姿勢站立，把球從一隻手運到另一隻手上，

1　　　　　　　2

3 4

圖2-10

運球的高度不超過膝關節，非運球手張開保護球。從右向左和從左向右交替運球20次（每隻手練習10次），如圖2-10。

「8」字運球

球從後向前穿過胯下在兩腿間進行「8」字運球。在球穿過胯下後，球從一手運到另一隻手。重複練習10次後，改變運球方向，球從前向後穿過胯下「8」字運球，重複練習10次以上（圖2-11）。

單膝運球

單膝跪地時運球。開始運球於你的膝前，繞膝關節一側和下面運球後，換手運球到你的後腿後，再換手繼續從開始的膝前運球，在一個方向重複完成10次「8」字運球，然後從相反的方向重複10次「8」字運球。

坐位運球

坐下時連續運球。當身體坐下時，在身體一側運球10次。抬高雙腿，把球從雙腿下運到身體另一側，然後在另

圖2-11

一側運球10次。

臥位運球

仰臥時持續運球。仰臥時,在身體一側運球10次。然後坐起來,抬高雙腿,把球從腿的下方運到身體另一側,躺下,在身體的另一側重複練習。

要點:

※運球要有信心。

※你的弱手訓練要和你的強手訓練一樣多。

※每部分練習在每一個方向不應出錯並且盡力完成10次。

二、擊球出圈

這個練習可以提高運球時抬頭的能力和在防守壓力下保護球的能力。

選擇另一名隊員作為對手，每人手中拿一個球，在罰球圈或中圈內運球。你們每個人都要設法將另一個人手中的籃球打出圓圈外（圖2-12）。

圖2-12

增加難度：

■你和對手僅用弱手運球。

■在緊逼的防守壓力下練習，允許更多的身體接觸和對抗。

要點：

※抬頭、觀察，不要低頭看球。

※用你的身體和非運球手保護球。

※注意你的同伴的動作。

三、運兩球練習

運兩球練習是有趣的，它將提高你的雙手運球能力和信心。這個練習分為6個部分：兩球一起運球、交替高低運球、體前變向換手運球、體前變向不換手運球、胯下運球、體側前後拉球。

每一部分的練習都要同時運兩個球。可以讓同伴協助增加阻力運球。如果有一個球丟掉，要在保持運另一個球的同時，重新運起丟掉的球（圖2-13）。

兩球一起運球

在膝關節以下位置同時運兩個球。

交替高低運球

同時運兩球，要使一球上升，一球下落。

體側前後拉球

從在身體兩側運球開始，然後利用翻腕撥指動作在體

3

4

圖2-13

側前後運球。這一動作與前後推球相似。

要點：

※兩手同時運球，身體配合協調。

※每次練習在不失誤的情況下盡力完成20次運球。

※運球要有信心。

※訓練弱手和強手運球。

※對於急停急起、變速，在全場出錯不超過三次的情況下盡力完成一個來回。

四、繞立柱運球

在球場上設置5個立柱：一個在端線，一個在端線與

1　　　　　　　　　　　　2

圖2-14

中線的中間，一個在中線，一個在對面端線與中線的中間，一個在對面的端線。這個練習有三部分：體前變向運球、背後運球和後退運球接體前變向運球。每部分練習都要求全速運球（圖2-14）。

體前變向運球

從端線的立柱開始，用強手全速運球，在通過第二個立柱後，體前變向運球，換弱手運球，接著運用弱手進行全速運球，繞過下一個立柱，再做體前變向運球，換強手運球，以這種方式繼續運球到對面端線。

然後轉身把球運回到原點，在這個過程中，繞過每個立柱時都要做體前變向換手運球。

背後運球

除了在通過每個立柱後全速背後運球外，這部分練習的方式和體前變向運球的練習方式是一樣的。

後退運球接體前變向運球

快速運球到第一個立柱前,後退運球,向後至少運三次球,接著體前變向換手運球,然後繼續快速運球到下一立柱。

要點:

※運球速度要快,並要有信心。

※採用體前變向運球時,要盡力在30秒內繞過10個立柱。

※採用背後運球時,要盡力在30秒內繞過8個立柱。

※採用後退運球接體前變向換手運球時,要盡力在30秒內通過6個立柱。

第三章

怎樣成為助攻王

　　籃球運動的完美之處在於它是一項五名隊員在場上傳球的集體項目。良好的傳接球是全隊進攻的本質——傳接球技術使籃球運動成為一項美妙的集體項目。

　　傳、接球是籃球技術中重要內容之一，熟練的接球和及時準確的傳球能密切隊員在進攻中的相互關係，並能為獲得良好的進攻時機創造有利條件，所以傳、接球技術是組織配合的紐帶和橋樑。

　　傳球也是比賽中最容易被忽略的基本技術。隊員不想練習傳球，也許是因為球迷和媒體的注意力集中在得分隊員身上，從而沒有足夠關注助攻隊員。

　　一個球隊中良好的傳球隊員對防守是一個威脅，因為他們可以在任何時候把球傳給任何隊員。培養良好的傳接球能力，可以使你成為一名更好的球員，並且可以幫助你的隊友表現更佳。

　　運用傳球的兩個基本原因是：傳球可以創造良好的得分機會；傳球可以控制球權，從而控制比賽。有欺騙性的、有節奏的和準確的傳球可以為全隊創造得分機會。要想在恰當的位置上投籃，球必須被運到或傳到得分區域。傳球比運球快許多倍，一旦出現得分機會，從有球側到無

球側，快速、準確的傳球就提高了進攻成功機會。傳球使防守不斷移動，從而使他們不能協防和夾擊有球隊員。

第一節　傳、接球動作

一、傳、接球原則

理解傳接球的原則可以提升你在傳球時的判斷力、預測力、時機把握、假動作、力量、手的觸覺，即所有影響你作為比賽隊員的能力。這些原則將有助於你在參加不同水準的比賽時很好地運用傳接球。

注視籃圈

不管防守隊員是否緊逼你的傳球、投籃和突破，當你能看到籃圈時，你就能看到你前面的整個場地，包括出現空檔的同伴。

先傳後運

傳球比運球快許多倍，在快攻和進攻區域聯防過程中傳球尤其重要。瞭解你同伴的優點和弱點。判斷你的同伴正在移動的位置和他下一動作可能將要做什麼。當他處於最佳位置時，在最佳時機傳球給他把握傳球的提前量。判斷同伴切入籃下的速度，選擇一個恰當的領前傳球時機，傳球要稍微領先於你的同伴，傳球到空位。

利用假動作

傳球前做假動作，但是避免向你傳球的方向看，以免暴露傳球意圖。利用眼睛的餘光觀察目標，而不要注視接球隊員，要做到出其不意。

突破分球

傳球前利用投籃假動作或運球動作吸引防守隊員,當一名防守隊員後撤防守時不要試圖傳球,這樣會給對手更多的時間和距離對傳球做出反應,從而被斷球。

傳球快速準確

不要有多餘動作,傳球時不要緊張,或傳球幅度不要太大。

判斷傳球的力量

長距離傳球力量要大,短距離傳球力量要小。

傳球要果斷

不傳球比傳失誤球要好,好的傳球是能被接住的球,不要向人群中或在你同伴沒有出現空檔時勉強傳球。

向遠離防守一側傳球

當你的同伴被緊逼防守時,傳球到遠離防守一側。如果你接球時不是處於一個投籃位置,要兩手上舉,主動迎球,接球時兩手放鬆,準備另一次傳球。

圖3-1

圖3-2

向出現空檔的投籃隊員遠側手傳球

當同伴出現空檔，並處於投籃位置時，向投籃隊員遠端手一側傳球，投籃隊員不必伸手或改變身體姿勢接球，以免失去目標。當你出現空檔並處於投籃位置接球時，要主動迎球。在球的後部跳起接球，接球時兩手放鬆，手呈包和捲的形狀用來保護球，並且準備投籃（圖3-1、圖3-2）。

二、傳球動作分析

傳球是籃球比賽中進攻隊員之間有目的地轉移球的方法，是進攻隊員在場上相互聯繫和組織的紐帶，是實現戰術配合的具體手段。傳球技術好壞直接影響戰術品質和比賽的勝負。準確巧妙的傳球，能打亂對方的防禦部署，創造更多、更好的投籃機會。

由於傳球的技術動作是多種多樣的，既有雙手的，又有單手的。雙手傳球能控制動作的準確性，而單手傳球則

具有飛行速度快、動作簡捷靈活、隱蔽多變的特點。

傳球技術是由傳球的動作方法、球的飛行路線和球傳到的位置三者組成的。傳球的動作方法是主要的，它決定了球的飛行路線、飛行速度和球落點的準確性。

(一)傳球的動作方法

傳球的動作方法由持球手法和傳球動作組成。

持球手法

持球手法分爲單手持球和雙手持球手法兩種(圖3-2)。

單手持球方法：手指自然分開，用手掌外沿和指根以上部位托球，手心空出。

雙手持球方法：兩手手指自然張開，拇指相對成「八」字形，用指根以上部位握球的兩側後方，手心空出。

傳球動作

傳球動作是由全身協調用力，最後透過手腕、手指動作完成的。中、遠距離的傳球，主要靠前臂的伸、擺和手

1　　　　　　　　　2

圖3-2

腕、手指的用力,而手腕、手指用力是傳球中最主要的動作。

傳球時手腕、手指的翻轉、前屈和撥指的用力對球的飛行方向、速度、路線和傳球到位有著控制作用。手腕、手指力量作用於球的正後方,則球飛行方向是向前的而且是平直的;手腕、手指力量作用於球的後下方,則球飛行方向是前上方,而且是沿弧線飛行的;手腕、手指力量作用於球的後上方,則球向下方擊地成折線彈出(反彈球)。在球即將離手的一剎那,用力越大,發力越快,即手腕翻轉、前屈和手指用力撥球越急促,則作用於球的力量就越大,球飛行的速度就越快,反之越慢。故巧妙地運用手腕、手指力量,是提高傳球技巧的關鍵。

蹬地、腰腹和手臂用力與手腕、手指的協調配合可增加傳球的力量,特別是前臂的伸、擺、甩、繞等各種不同的動作,可增加出球點,擴大出球面,提高傳球的靈活性,從而增強傳球的威力(圖3-3)。

(二)球飛行的路線

球飛行的路線有直線、弧線和折線(反彈)三種。比賽中,由於攻守隊員站的位置、距離和移動的速度及意圖等情況不同,所以選擇的傳球路線和球飛行的速度也有所不同。準確地掌握傳球時機,正確、合理地選擇球的飛行路線,能使同伴能順利地接到球。

(三)球傳到的位置

球傳到的位置是指傳出的球所要到達的位置。根據接

1

2

3

4

圖3-3

球隊員的位置、移動速度和意圖以及與防守隊員的情況而定，將球傳到遠離防守人一側的位置，與接球隊員恰好相遇，人到球到，並且使接球隊員接球後便於順利地完成下一個進攻動作。

第二節　傳球實戰運用

一、常用傳球方式與動作方法

(一)雙手胸前傳球

這是一種最基本、最常用的傳球方法，這種傳球迅速有力，可在不同方向、不同距離中使用，而且便於和投籃、突破等動作結合運用（圖3-4）。

圖3-4　持球於胸前

持球要點：

※不看即可鎖定傳球目標。

※保持平衡的身體姿勢。

※兩手以放鬆的握手姿勢持球的後部。

※持球在胸前部位。

※肘內收。

傳球要點：

※傳球前向另一側看或做假動作。

※向傳球方向跨步。

※膝、背和手臂伸展。

※使手腕和手指撥球。

※由食指和中指撥球。

※傳球後手臂伸展，手掌掌心向下，手指指向目標。

※開始傳球時肘內收，使手腕和手指撥球。

動作方法：

　　兩手手指自然分開，拇指相對成八字形，用指根以上部位持球後下方。手心空出，兩肘自然彎曲於體側，將球置於胸前部位。身體成基本姿勢站立，眼睛注視傳球目標。傳球時，後腳蹬地，身體重心前移的同時，前臂迅速傳向球方向伸直，手腕翻轉，拇指用力下壓，食、中指用力撥球並將球傳出。出球後身體迅速調整成基本站立姿勢。傳球的距離越近，前臂前伸的幅度越小；遠距離的傳球，則需要加大蹬地、伸臂和腰腹的全身協調用力，而且傳球距離越遠，蹬地、伸臂的動作幅度就越大。

　　雙手胸前傳球可在原地和跑動中進行。跑動中雙手胸前傳球和接球是一個連貫動作。接傳球時，手、腳動作必須協調配合。一般是左（右）腳上前接球後，右（左）腳抬起，在落地前出球。

　　手的動作過程是：雙手接球後迅速收臂後引，接著迅速伸前臂、翻腕出球（圖3-5）。

圖3-5　雙手胸前傳球

(二)雙手頭上傳球

這種傳球持球點高,便於與投籃結合,但與突破、運球及其他隱蔽傳球結合時,卻增加了動作幅度。這種傳球多用於中、遠距離,如搶籃板球後的傳球、週邊隊員的轉移球,以及向內線隊員高吊球時使用。

當你被緊逼防守,必須從防守頭上傳球,在被緊逼防守快攻發動一傳時或吊傳給背切到籃下的隊員時採用頭上傳球。以平衡姿勢站立,兩手持球在頭上,兩肘內收,呈90°彎曲,向傳球方向跨步,腳蹬地,腰腹伸展以獲得最大力量,由伸展手臂,手腕手指彎曲快速傳球,球從食指和中指傳出。傳球後手臂跟隨,手指指向傳球方向,手心向下(圖3-6)。

持球要點:

※不看即可鎖定目標。

※保持平衡身體姿勢。

※兩手放鬆持球後部。

※持球於頭上。

圖3-6　頭上傳球持球於頭上

※肘內收。

※不看即可確定目標位置。

※向傳球方向跨步。

※膝、背和手臂伸展。

※手指和手腕彎曲。

※食指和中指最後撥球。

※球出手後，手臂伸展，手心向下，手指指向目標。

動作方法：

雙手舉球於頭上，兩肘彎曲，持球手法與雙手胸前傳球相同。近距離傳球時，前臂內旋、手腕前屈，拇指、食指和中指用力撥球，將球傳出。傳球距離較遠時，腳蹬地，腰腹用力，前臂迅速前擺，手腕前屈、手指用力撥球，將球傳出。

跳起雙手頭上傳球時，雙手舉球於頭上，跳到最高點時，腰腹用力，兩臂迅速前擺，手腕前屈，手指用力撥球，將球傳出（圖3-7、圖3-8）。

圖3-7　頭上傳球時的要點

圖3-8

（三）擊地傳球

　　當防守者在你和同伴之間時，一種選擇是從防守者手臂下擊地傳球，擊地傳球可以傳球給快攻結束時快下邊鋒或切入籃下的隊員，因為擊地傳球比胸前傳球慢。

　　擊地傳球和胸前傳球一樣，傳出的球從地面上某點反彈起來，反彈到接球隊員胸部以下高度。為了判斷正確的

圖3-9　持球

擊地傳球距離，以2/3距離某一點或接球同伴身前幾步距離為目標，球反彈地點距離接球隊員太遠，球反彈高而慢，就容易被搶斷，球反彈地點距離接球隊員太近，球反彈太低就不容易控制。

記住：手指指向球傳出方向，傳球後手掌向下，手指指向接球人（圖3-9、圖3-10）。

持球方法：

※不看即可鎖定目標。

※保持身體平衡姿勢。

※兩手放鬆持球後部。

※持球在腰腹部位。

※兩肘內收。

傳球方法：

※傳球前向另一側看或做假動作。

※向傳球方向跨步。

※膝、背和手臂伸展。

※手指和手腕用力撥球，使弱手也撥球。

※食指和中指最後撥球。

※擊地點在距離目標1/3處。

※手臂伸展，手心向下，手指指向目標。

要點：

從腰部開始傳球，擊地點更靠近接球人，不要使擊地傳球反彈太高或太低。

（四）體側傳球

當你被緊逼防守時，必須從防守身體兩側傳球時採用

1

2

3

圖3-10　擊地傳球

1

2

圖3-11　球在體側

體側傳球（圖3-11）。像頭上傳球一樣，體側傳球是傳球給低位中鋒的一種方法。除了在準備階段時球的位置不同外，體側傳球的方式與頭上傳球相似。

當你向一側跨步時，體側傳球需要移動球到一側的肩部和臀部之間的位置，不要把球置於體後，球置於體後時傳球距離太長，且很可能被搶斷。傳球後手指指向目標，手心朝向自己一側。

你可以像頭上傳球一樣用兩手做體側傳球，也可以用單手。單手體側傳球，傳球手在球後側，球出手前非傳球手在球前面，以便需要時你可以停止傳球或做假動作。單手體側傳球，你的弱手和強手同樣需要訓練。

動作方法：

※不轉身即可看到目標。

※平衡的身體姿勢。

※兩手放鬆持球後部。

※球在肩和臀部之間位置。

※肘內收。

傳球方法：

※傳球前向異側看或做假動作。

※向傳球方向跨步。

※膝、背部和手臂伸展。

※手腕和手指彎曲。

※食指和中指最後撥球。

※球出手後手臂伸展，掌心朝向一側，手指指向目標。

要點：

確定開始傳球時球不是在身後，球不要超過身體平

1

2

圖3-12　體側傳球

面，力量來自腳蹬地、背部和手臂伸展，肘內收，手腕和手指彎曲。

準確性來自雙手的食指和中指指向傳球目標。這樣可以使你的體側傳球提高力量和準確性（圖3-12）。

（五）單手肩上傳球

這是單手傳球中一種最基本的方法。這種傳球的力量大，飛行速度快，經常用於中、遠距離的傳球（圖3- 13）。

動作方法：

以右手傳球為例，雙手持球於胸前，兩腳平行開立。傳球時，左腳向傳球的方向邁出半步，同時將球引到右肩上方，肘關節外展，上臂與地面近似平行，手腕後仰，右手托球，左肩對著傳球方向，重心落在右腳上，右腳蹬地、轉體，右臂迅速向前揮臂，手腕前屈，由食指、中指撥球，將球傳出。球出手後，隨著身體重心前移，右腳向

圖3-13　肩上傳球持球在耳側

前邁出半步，保持基本站立姿勢。

　　作為一種長傳球，你會經常想要用肩上傳球。肩上傳球被用於一傳快攻發動，給切入籃下隊員的領先傳球或擲界外球。

　　以平衡姿勢開始，以後腳為軸轉身朝向你的傳球一側，肘內收並舉球到耳朵高度，傳球手在球的後部持球，另一手在球前，像捕手開始投擲棒球一樣。當你傳球時，重心由後腳轉向前腳，腿蹬地，背部伸展，傳球手朝向目標，向前屈腕，球從指尖傳出，球出手後手臂跟隨，手指

圖3-14　肩上傳球

指向目標，手心朝下。儘管這是單手傳球，但是要保持球在出手前讓非傳球手持球，以便需要時可以停止傳球或做假動作（圖3-14）。

持球方法：

※勿須轉身即可看到目標。

※平衡的身體姿勢。

※身體轉向一側。

※重心在後腳上。

※兩手放鬆，傳球手在球下面，非傳球手在球前。

※球在耳側。

※肘內收。

傳球方法：

※傳球前向異側看或做假動作。

※向傳球方向跨步。

※膝關節、背部和手臂伸展。

※球出手前兩手持球。

※手腕和手指彎曲。

※食指和中指撥球。

※球出手後手臂伸展，手心向下，手指指向目標。

要點：

使你的傳球手在球的後面，而不是側面，傳球後手指指向目標，球將走向手指指向的方向，這樣可以使你的傳球及時且準確。

(六)背後傳球

高水準隊員必須能夠背後傳球，在快攻結束時二攻

圖3-15　背後傳球

一，防守出現在你和同伴之間時，背後傳球尤其有用（圖
3-15）。

　　以後腳的前腳掌為軸，身體轉向傳球手臂一側，兩手
持球於臀部後面位置，傳球手在球的後面持球，非傳球手
在球的前面持球，當你背後傳球時重心由後腳轉到前腳，
傳球手臂伸展，手腕和手指彎曲，球由指尖傳出，球出手
後，手指指向目標，傳球手掌心向上，傳球手臂觸到後

背，弱手的背後傳球要和強手的背後傳球一樣進行訓練。

以右手傳球為例，雙手持球於胸前，側對接球隊員。傳球時，左腳向前邁出一步，雙手持球右擺，當球擺至身體右側，左手離開球，右手引球繼續沿髖關節向後繞環，當前臂擺到背後時，右手腕向傳球方向急促前屈，食指、中指用力撥球將球傳出。

持球方法：

※不轉身的情況下能看到目標。

※平衡的身體姿勢。

※身體朝向一側。

※重心在中樞腳（後腳）上。

※兩手放鬆，傳球手持於球後，非傳球手持於球前。

※球在臀部後面。

傳球方法：

※傳球前向異側看或做假動作。

※向傳球方向跨步。

※重心由後腳移到前腳。

※球出手前兩手持球。

※在背後傳球。

※傳球手臂伸展。

※手腕手指彎曲。

※食指和中指撥球。

※球出手後手臂伸展，手心向上，手指指向目標。

要點：

要確保開始傳球時兩手持球，非傳球手不要離開球太快，兩手持球到臀部後面，球出手前兩手始終持球（圖

1

2

圖3-16　背後傳球要點

3-16）。

二、傳球的實戰運用

在比賽中，傳球經常是在嚴密防守的情況下進行的，而有利的接球機會又往往是短暫的，持球隊員為了不失時機地把球傳給處於有利進攻位置的同伴，達到進攻的目的，傳球時應注意以下幾點。

（1）傳球隊員要全面觀察場上情況。一般說，在後

場由防守轉入進攻時，應先看前場，再看後場，首先爭取長傳快攻的機會，在陣地進攻時，應先看內線，再看外圍隊員，首先是爭取內線的有利進攻機會。

（2）持球隊員要準確判斷，及時捕捉傳球時機。當同伴擺脫對手、搶佔有利進攻位置的瞬間，持球隊員要及時地把球傳給同伴，要做到人到、球到。

（3）持球隊員要根據同伴和防守隊員的情況，選擇合理的傳球位置。一般是，把球傳給同伴遠離防守一側的位置上，使之既可以避免對手的搶斷球，又便於同伴接球後，順利地銜接下一個進攻動作。

（4）持球隊員要善於運用假動作迷惑對方，巧妙地利用時間差和位置差，捉住對手的防守空隙，擺脫防守的干擾，靈活運用各種傳球方法，及時、準確地把球傳給同伴。

（5）當持球隊員錯過良好的傳球時機時，停球時間不要過長，應該在傳接球的移動中，繼續組織進攻配合，耐心地尋找有利的傳球時機。

第三節　接　球

接球是獲得球的重要技術，能否牢穩地接住球，對於減少傳接球失誤、彌補傳球的不足，以及截獲對方的球等都是非常重要的。

接球有雙手和單手接球兩種，不論是哪一種，接球時眼睛都要注視球（對來球的方向、球的高度、球的旋轉、球的速度、力量、球與自己的距離等都要準確地判斷），

肩部都要放鬆，手臂要迎球伸出，手指自然分開。當手指觸球的同時屈肘，臂後引，緩衝來球的力量後，兩手握球，保持身體平衡，以便做下一個動作。

一、雙手接球

1. 雙手接胸部高度的球

接球時，兩眼注視來球，兩臂伸出迎球，手指自然分開，兩拇指成八字形，手指向前上方，兩手成一個半圓形。當手指觸球後，兩臂隨球方向後引緩衝來球的力量，兩手握球與胸腹之間。保持身體的平衡，做好傳球、投籃或突破的準備。

2. 雙手接頭部高度的球

動作方法和雙手接胸部高度的球相同，只是迎球時臂向前上方伸出。

3. 雙手接低於腰部的球

接球時兩腿微屈，一條腿向來球方向邁出一步，上體前傾，眼睛注視來球，雙手向前下方伸出迎球，五指自然分開，兩小指成八字形，手心向著來球方向。

當手指觸球後，兩臂隨球方向後引，兩手握球於胸腹之間，保持身體站立姿勢，以便轉換或銜接其他進攻動作。

4. 雙手接反彈（折線）球

接球時，迎球跨步，上體前傾，眼睛注視來球，雙手迎球向前下方伸出，五指自然分開。當手指觸球後，兩手握球順勢將球移至胸腹間，保持身體站立姿勢，以便轉換或銜接其他進攻動作。

5. 雙手接地滾球接球

一般向來球方向迎出一步,身體下蹲,眼睛注視來球,兩手向來球方向伸出,手心向前,手指朝下,觸球後順勢將球握住。隨即保持身體站立姿勢,以便銜接其他進攻動作。

二、單手接球

單手接球控制的範圍大,能接不同方向的來球,它有利於隊員快速、靈活地發揮技術。但是,單手接球不如雙手接球牢穩,因此在一般情況下,應儘量運用雙手接球。

動作方法:

以右手接球為例,右腳向來球方向邁出,兩眼注視來球,接球時,手掌成勺形,手指自然分開,迎著來球的方向伸去。當手觸球時,手臂順勢將球向後下引,左手立即握住球。雙手將球握於胸腹之間,保持基本持球姿勢(圖3-17)。

圖3-17

三、怎樣才能舒服地接球

當你離開投籃區域，且被緊逼防守時，給傳球隊員一個良好的接球目標，向球的方向跑動接球（圖3-18）。接球時，兩手放鬆，呈自然的杯形，手心空出，你的拇指和其他手指放鬆，但不要展開，接球時主動迎球，兩手放在胸前位置，接球後，兩步急停，注視籃圈，準備傳球。

圖3-18

伸手：

※眼睛注視球。

※兩腳做與肩同寬的平衡姿勢。

※屈膝。

※背部正直。

※兩手手指放鬆，雙手前伸迎球（圖3-19）。

迎球：

※上前迎球。

※雙手接球。

圖3-19

※手指放鬆。

※接球同時舉球。

※兩步急停著地。

結束動作：

※以內側腳為軸前轉身。

圖3-20

※兩肘張開持球在胸前部位。

※注視籃圈。

※兩腳與肩同寬。

※屈膝。

※背部保持正直（圖3-20）。

接球時應注意的問題：

（1）接球時要觀察、瞭解場上情況，要積極移動迎前接球。

（2）擺脫接球時，要利用身體、上肢和腳步移動搶佔空間位置，擋住對手可能斷球的路線，保證接球的安全。

（3）接球的同時要為下一個動作做好準備，要和下一個進攻動作銜接好。

（4）接球後要及時、快速地轉入投籃、突破和傳球等，以及在人和球的移動中創造更多的進攻機會。

易犯錯誤：

在接球時出現漏接現象。

糾正方法：

兩手上舉，注視來球，兩手放鬆，接球同時舉球。

第四節　傳、接球練習

一、控球熱身練習

這種熱身練習由傳接球組成，即球從一手傳到另一手。控球練習分為六個部分，分別是：頭上撥球、頭環繞、腰部環繞、沿一腿環繞、沿另一腿上環繞、兩腿間的八字環繞。

以一個平衡的站立姿勢開始，透過手腕和手指的彎曲有力地把球從一手傳到另一手。為了提升你弱手的控球能力，要著重弱手傳球，在每次傳球時弱手要有充分的跟隨

圖3-21

動作，手指正對接球手，要有力量和有控制地進行練習，而不是僅僅有速度。在練習的每一部分，向同一個方向傳球十次後，向相反的方向另外傳球十次。

要點：

※爭取在三分鐘練習內出錯不超過三次。

※保持力量和控制。

※由手指指向接球手來保持傳球手的跟隨動作。

二、移動中利用反彈板傳球

當從一側向另一側移動培養速度、準確性和自信時，利用反彈板進行練習。把一塊反彈板放在限制區中間，開始距離反彈板3.6公尺，外側腳踩限制區左側區線，移動

中利用胸前傳球。

從一個好的傳接球姿勢開始，當你利用短促快速側滑步橫向移動時，快速準確地傳接球。移動時，兩腿不要交叉，直到外側腳觸及右邊的限制區線，變向，向回移動到左側區線，在移動中傳接球。在傳接球過程中保持橫向移動，每次腳觸線變向。

如果沒有方便的反彈板，可以利用一面牆，用帶子丈量3.6公尺的標誌線作為區線。

增加難度：

橫向跑動，而不是跨步，當你接球時跨步急停。

要點：

※橫向移動時兩腳不要交叉。

※跨步要短促快速。

※當在區線之間移動時，30秒之內盡力完成20次3.6公尺距離的胸前傳球。

三、快速發射式傳球

對於快速發射式反彈傳球練習，你將把球傳向4公尺距離的一個反彈板上。如果沒有反彈板，那麼可以用一面牆來練習，這個練習對提升傳接球的速度、準確性和信心方面是非常有效的。在練習中，你將用體側傳球和背後傳球。

開始時在反彈板前4公尺處以平衡的姿勢站立，轉身使你的胸部與反彈板成適宜的角度。先用強手持球，弱手放在你的體側。用強手進行體側傳球，傳球時要盡量用力、精準，僅用你的強手接住從反彈板上反彈回來的球，

圖3-22

接著用你的弱手完成同樣的動作。現在用你的強手進行背後傳接球，然後再用弱手來完成背後傳接球（圖3-22）。

要點：

對於不同類型的傳球，要運用合適的傳球形式。

四、反彈傳球

這是個集挑戰性、競技性及娛樂性於一身的練習，可

以與一個同伴一起來完成。練習目標是培養胸前傳球的準確性和信心，同時也培養速度和靈敏性。

　　站在3.6公尺遠的距離面向一面反彈板或是一面牆。你的同伴站在你的身後。開始時，以一個合適的傳球姿勢站立，儘量精確地利用胸前傳球把球傳到反彈板的中間，然後向你的右側移動。

　　移動時要利用短促、快速的側滑步，雙腳不做交叉，你的同伴接到反彈回來的球，並在向右側移動前做胸前傳球，在你的同伴把球傳出後，你要快速橫向向你的左側和同伴的身後移動，接到反彈回來的球並在向右側移動的同時做胸前傳球。在你把球傳出後，你的同伴快速地向左移動到你的身後，然後接反彈回來的球。

　　用這種方式繼續進行練習，傳球後橫向移動到右側，接著在你的左側和傳球者的身後，你可以每次傳球後橫向向左移動來改變練習的形式。

　　要點：

　　※橫向移動時，兩腿不要交叉。

　　※運用短促、快速的腳步動作。

　　※橫向移動同時，在30秒之內盡力完成20次3.6公尺距離的胸前傳球。

五、和同伴傳球

　　這個練習可以提高傳球的速度、準確性以及自信心。選擇一個同伴進行傳接球的訓練，完成胸前傳球、擊地傳球、雙手頭上傳球、體側傳球、肩上傳球以及背後傳球。

　　對於胸前傳球、擊地傳球、頭上傳球、體側傳球和背

後傳球，開始時，以平衡的身體姿勢站在同伴前4公尺距離持球，成良好傳球姿勢。對於肩上傳球，要向後移動到5公尺處。

傳接球要盡可能快速、準確，球從指尖撥出，以使球後旋和準確。手指指向傳球的方向，球被接到前，通過手臂上舉，來誇大手臂跟隨動作。

當你接球時，要確定你是平衡的站立姿勢，並且雙手作為目標上舉，準備移動去接每一次傳球。

增加難度：

在兩人之間增加防守者（圖3-23）。

圖3-23

要點：

※運用良好的技術進行各類傳球。

※運用良好的技術接球。

六、傳球後跟進

這個有挑戰性、競爭性和有趣的練習需要幾個隊友，分成兩路，當進行肩上傳球練習時，每一路的第一個隊員要相對，並且他們其中的一個持球，有球的第一個隊員運用胸前傳球把球傳給在另一路的第一個隊員，然後跟隨傳球方向沿右側跑到接球者的隊尾。接球者接到球後，把它傳回到第一路傳球路線上的第二個隊員，然後跟隨傳球的方向沿右側跑到接球者的隊尾。

圖3-24

這個練習繼續進行，每個隊員快速、準確地傳接球後，跟隨傳球的方向跑動。每個類型的傳球要練習60秒（圖3-24）。

要點：

運用良好的傳球形式進行每類傳球。

七、五角傳球

另一個具有挑戰性、競技性和娛樂性的練習是五角傳球。這個練習至少需要10名隊員。在罰球圈或是中圈周圍以3.6公尺的間隔分成五路，成五角星的形狀。當練習肩上傳球時，要分開間隔6公尺的距離。

其中一路的第一個隊員拿球，他把球傳給在右側第二路的第一個隊員後，跟隨傳球方向沿右側向接球者的後面跑動。接球者接球後，把球傳給其右側第二路的第一個隊員，然後跟隨傳球方向沿右側跑動到第二路接球者的身後。每個類型的傳球要練習60秒。

要點：

傳接球動作連貫協調，運用合理。

八、圈內鬥「牛」

這個有趣的傳球練習需要5名隊員作為進攻方，兩名隊員作為防守方。進攻隊員等距離分散於罰球圈或是中圈周圍。一名進攻隊員拿球，防守隊員作為圈內的「公牛」站在圓圈中央，設法干擾傳球、使球偏離方向或者觸到傳球。對於持球隊員來說，可以運用任何一種傳球類型把球傳給任何一名進攻隊員。傳球者持球時間不能超過兩秒

圖3-25

鐘。

如果「公牛」觸到球或者傳球者傳球失誤或者是違例，那麼傳球者要進入圈內當「公牛」，而防守者變為進攻方（圖3-25）。

要點：

※對於每一個類型的傳球要運用良好的傳球形式。

※持球不超過兩秒鐘。

※沒有傳球的偏斜、失誤或違例情況下盡力完成8次以上連續傳球。

第四章
怎樣成為神投手

　　投籃是籃球運動中最重要的一種技術。傳球、運球、防守和搶籃板球等基本技術能夠使你有很高的投籃命中率。投籃的關鍵是心態。除了投籃技術外，你還必須對你的投籃非常自信，投籃的心理和機械化兩方面促進了投籃的成功。

　　精確投籃的發展過程使你的防守者不得不對你進行緊逼防守，並且會對你的假動作非常敏感，從而可以使你像投籃一樣自如地傳球和突破。如果你投籃不準，防守隊員就會後退，預測你的突破和傳球，也就不易受你假動作的影響。當你沒有球時，防守隊員就會遠離你防守，選擇一個可以給同伴幫助的更好的協防位置。為了成功，一個球隊必須有能夠在外圍投籃的隊員。

　　一個偉大的射手因為他那穩定流暢的投籃或良好的感覺而經常被人們稱為神射手。一些球員認為神射手是天生的，這是一個誤解，其實偉大的射手是後天訓練出來的，並不是天生的。每個球員都曾經都是初學者，然後透過艱苦的訓練而發展成為神射手。

　　投籃是可以自我訓練的一種技術。一旦你理解了正確的技巧，你所需要的就是一個球、一個籃筐和追求進步的

熱情。但是在實戰條件下包括在比賽後期發生的緊急情況下，對練習投籃也是很有幫助的。有同伴共同訓練可以提供防守帶來的壓力。記住，透過訓練你可以發展投籃技巧和自信心，也可以受益於有訓練的觀察者，像教練員、教師或技術熟練的隊員，他們可以透過觀察你的投籃來提供正確的回饋。然而，大多數投籃訓練是發生在教練員和教師不在場的情況下，因此學會分析球觸籃圈後的反應，將會增強你投籃成功的運用能力，或者揭露投籃的錯誤動作以及它們可能產生的原因。

第一節　投籃技術要素

一、投籃自信心

相信你自己，在每次投籃時你需要對你的投籃能力有自信，自信的射手能夠控制他們自己的思想、感情和投籃技術。籃球運動是一項必須具有心理和身體兩方面素質的競賽項目，發展心理素質是提升投籃技術的關鍵。

提升自信的一種方式是想像籃圈是大的，它是如此大，以至三個半籃球能同時落到籃圈裡，這使大多數隊員感到驚奇，你可以登上梯子，把三個籃球並排放在籃圈上，並且仍然有足夠的空間去放球，還能在球之間轉你的手，要意識到籃筐是如此大，以便使你的心理素質得到提升。

另一個提升自信心的方法是保持投籃手臂跟隨動作，直到球觸及籃圈，這不僅是正確的技巧，更重要的是你看起來或你的動作更像射手。

圖4-1

　　每當你投籃時有肯定的感覺，球就會進。好的射手總是保持自信，即使當時他們沒有手感和投失幾個球。在投失幾個球後，從心理上糾正投失的球，腦中顯現正確的投籃。對自己重複像「我是一個射手」「到處都是籃圈」或「打敗它」等積極肯定的語言，能提升對自己和自己投籃能力的自信。你也可以透過想像你以前的成功場景來提高你的自信。

　　能在有壓力的情況下投籃是偉大的射手和好的射手的區別。你不僅需要在球隊領先時投籃，而且需要在有壓力的情況下投籃。投籃自信心和投籃成功之間的直接聯繫是偉大射手最穩定的因素（圖4-1）。

二、積極的自我暗示

　　和自信心同等重要的是精準的投籃需要更加積極的思想，同時也需要投籃技術。單純的心理自信和技巧都是不

夠的，成功來源於投籃時心理和技巧的完整統一。

當你思考時，在某種意義上說你在自我對話，那種對話可以是積極的也可以是消極的。有一種被稱為積極的自我暗示技巧可以幫助你在投籃時達到心理和技巧的統一，加速改善你的投籃。積極的自我暗示由使用關鍵字來提升你的表現。

選擇能加強正確技巧的辭彙，確定節奏，建立自信，關鍵字應當是積極的、簡練的（最好一個音節），並且是有人性化的。與你成功投籃相關聯的肯定的詞被稱為參照詞，選擇你自己的，使你能想像球進的參照詞，像是的、籃網、嗖、嗖嗖、進或穿過。

提示你投籃正確技巧的辭彙被稱為引導詞，下面是一些引導詞的例子：

■**高**：開始投籃時持球高，避免持球低。

■**直**：使你的投籃手向籃伸直。

■**向前**：提示投籃手的位置朝向籃圈。

■**指向**：提示投籃出手的食指正確撥球。

■**向上**：提示高弧度。

■**跟隨**：提示身體任何部位跟隨，包括肩膀、手臂、手腕和手指。

■**領先**：提示頭部和肩部向籃的跟隨動作，減少後傾或向後邁步。

■**腿**：提示腿部力量的運用。

■**上下**：提示腿部蹬地伸膝動作，提供投籃的節奏和力量。

把引發正確技巧的兩個引導詞和加強投籃成功的一個

參照詞看成一樣的。

　　有時一個單詞可以是引導詞和參照詞。例如伸展作為一個引導詞可以提示你的肩、手臂、手腕和手指的伸展跟隨，也可以作為球入籃的一個參照詞。

　　從你開始投籃的腿部用力到最後食指撥球，要有節奏說你的詞語。

　　例如，如果腿部蹬伸是你的引導詞，「是」是你的參照詞，你投籃時應當有節奏地說：「腿部蹬伸——是的！」如果你能大聲說這些話，它會更起作用。

　　用恰當的節奏說出你個性化的關鍵字可以建立你投籃的節奏，加強你投籃的技巧和自信心。在心理方面訓練和在身體方面訓練都要投入時間。

三、投籃的節奏

　　技術應當是流暢的、自由舒展的和有節奏的，這在投籃技術方面尤其如此。技巧是重要的，但是你要有好的不呆板的技巧。你投籃應當是流暢、有節奏而不是機械的。你投籃的所有環節應當是一個連續的節奏。

　　你投籃的最初力量和節奏來自腿部的伸展。開始膝微屈，屈膝，接著完全伸展，從投籃開始到投籃出手說關鍵字「伸展」。你的腿部動作與投籃手的動作是一起的。當你的腿部動作向上時，手臂動作也是向上的。當你的腿完全伸展開時，你的背部、肩部和投籃手也在順暢地、連續不斷地向上伸展。

　　確定在面對籃圈時你的投籃手持球要高。持球的位置高可以促使你的出手時間縮短，從而減少出錯的機率。

四、對投籃的正確評價

學習正確的投籃，接著是每天科學地訓練。培養對自己投籃的理解能力。

從觀察你投籃的教師或教練那裡總會受益，然而，你的大多數訓練都是在教練員不在場情況下進行的，所以個人回饋有助於你決定做何調整，有三種回饋投籃的基本方式：觀察你的投籃反應，從內心感覺你的投籃和透過錄影分析你的投籃。

分析投出的球與籃圈的接觸位置，可以加強投籃成功的實施或揭示大多數投籃錯誤和它們產生的原因。例如，球投向你投籃手臂、手和手指的指向，如果球觸到籃圈右邊（或左邊），你的投籃手臂、手和手指就指向那個方向，也許是你的身體面向你投失的方向而不是正對球籃，或你的肘外展，促使你跟隨動作向右。

如果你看到球觸到籃圈的右邊後旋轉到左邊，你要明白你的球是側旋的，總之，側旋是由於投籃時持球手在球的一側，使其向後旋轉造成，如果你過度旋轉你的投籃手，球將在觸籃圈右邊後向左旋轉，側旋也會由於球從你的無名指，而不是食指投出而產生。

投籃感覺也能產生提示，你可以感覺你的投籃手向右旋轉或球從你的無名指投出而不是食指。兩種錯誤都將使球側旋，一種培養感覺的良好方法是閉眼罰籃，讓一個同伴搶籃板球並告訴你是否投中，投失後，同伴會告訴你具體投失的方向，和球觸籃圈的位置，透過分析你的投籃，在你形成不良習慣前發現並糾正錯誤動作。

五、投籃技巧

大多數球員能進行 7 種基本投籃：單手肩上投籃、罰籃、跳投、三分投籃、勾手投籃、行進間投籃、急停投籃。這些投籃都有相同的基本技巧，它們是目光、身體平衡、手的位置、肘內收姿勢、投籃節奏和投籃跟隨動作。培養投籃技巧的最好方式是注意力同時僅集中在一兩種技巧上。

(一)目　光

目光注視籃圈，除了擦板投籃外要注視籃圈前沿上部。當你與籃板成 45° 角時，採用擦板投籃。擦板投籃要瞄準籃板黑框最上角。

盡可能注視目標，並且眼睛要始終聚焦在目標上直到球中籃為止。眼睛不要注視投籃弧線或防守隊員的手。注意力集中在目標上有助於減少像大喊、揮舞毛巾、對手的手甚至嚴重犯規等外界干擾（圖4-2）。

1

2

圖4-2

（二）身體平衡

保持身體平衡可以在投籃時控制身體力量和節奏，腳的位置是你身體平衡的基礎，保持頭部正直可以控制身體平衡。

兩腳與肩同寬，腳尖衝前，腳尖、膝關節、臀部、肩膀與籃平行，投籃手一側腳稍前（右手投籃右腳在前），後腳腳尖與投籃手一側腳後跟平行。

膝關節彎曲，這會給你的投籃產生重要力量，初學者和疲勞隊員常常屈膝不夠。為了彌補由於未屈膝帶來的力量不足，他們容易從頭後扔球或從臀部位置拋球，這兩種動作都會產生錯誤。

圖4-3

你的上體應當正直，頭部稍向前傾可以控制身體平衡，肩膀和上體前傾正對籃筐，肩膀放鬆（圖4-3）。

（三）手的位置

手的位置是投籃最容易犯錯的部位，你的投籃手面向球籃對於開始和完成投籃都是重要的，為了保持平衡非投籃手放在球下也是重要的。這個位置是投籃手面向球籃，非投籃手放在球下，它可以使你的投籃手自由投籃而不必保持平衡後再投籃。

兩手靠緊，放鬆，五指自然分開，投籃手的大拇指放鬆，不要過度張開而使手和前臂緊張。放鬆的手部姿勢成自然的杯形，使球接觸手指而不是手掌。

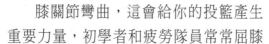

非投籃手稍放於球下，球的重量至
少分佈在無名指和小指兩個手指。你
的平衡手的手臂處於一個舒服的位
置，肘部稍稍指向後面和側面。

　　你的投籃手在球後朝向球籃，食指
在球的中間，球由食指出手，罰籃時，
你要使食指與球的氣門或其他標誌平
行。培養指尖的控制能力和感覺可以
達到放鬆準確的投籃（圖4-4）。

(四)肘內收

圖4-4

　　球自然地舉在投籃肩膀一側耳朵和
肩膀之間的位置，投籃肘內收，當你投籃肘內收時，球將
與球籃平行。

　　一些球員缺乏柔韌性，投籃肘內收時不能使投籃手朝
向球籃。在這種情況下應首先把投籃手轉到球後指向球籃
方向，接著在自身柔韌性範圍內肘內收。

(五)投籃動作

　　投籃涉及腿部、背部、肩膀、投籃肘的伸展和手腕手
指的彎曲。利用流暢、協調和有節奏的上舉動作投籃。

　　最初的投籃力量和節奏來自腿部的蹬伸，開始膝關節
微屈，彎曲膝關節接著完全蹬伸，從投籃的開始就說蹬伸
這個關鍵字直到球離開手為止，這將引起你的腿部的蹬伸
動作，給你的投籃提供節奏與力量，你的腿和投籃手臂要
協調，當你腿蹬地時，你的手臂上伸，當腿完全伸展開

時，你的後背、肩膀和投籃手臂流暢地向上方伸展，保持投籃手朝向球籃，且持球的位置高是重要的，保持高持球有助於快速出手，也可減少犯錯誤的機率。

當你伸臂時，球從維持平衡的手傾斜到投籃手，一個好的指導是球傾斜回投籃手時，手腕和前臂之間的皮膚微屈，這種角度保證了快出手和協調的手部跟隨動作。以45°～60°的角度向球籃方向伸展手臂、手腕和手指，投籃手要完全伸展，投籃的最後力量和控制來自手腕和手指的向前和向下彎曲，球從食指指尖飛出，球後旋。球出手前保持平衡手在球上。

給球施加的力量依賴於你投籃的距離，距離近，主要是手臂、手腕和手指用力，距離遠的外線投籃需要你腿、背和肩膀更多用力，流暢的節奏和完全的跟隨動作也將提高你的遠距離投籃能力（圖4-5）。

1

2

圖4-5

（六）跟隨動作

　　球從食指出手後，保持手臂向上伸展，食指指向目標。投籃手的掌心向下，扶球手的手掌掌心向上，眼睛注視籃圈，要誇大你的伸展動作。

　　保持手臂完全伸展，直到球觸籃圈，接著搶籃板球或轉入防守位置，保持手臂完全伸展，直到球觸籃圈。這不僅是好的技巧，而且可以使你看起來更像個射手，從而增強自信（圖4-6）。

圖4-6

第二節　投籃技術實戰運用

　　籃球比賽中常見的投籃技術有原地投籃、跳起投籃和行進間投籃，這三種投籃是進攻隊員為將球投入對方球籃而採用的各種專門動作方法的總稱。

　　投籃是籃球比賽中唯一的得分手段，一切技、戰術運用的最終目的，都是為了創造更多更好的投籃機會，因此，投籃是整個籃球技術體系的核心。投籃得分的多少決定著比賽的勝負，掌握和運用好投籃技術，不斷地提高投籃命中率，對於學習籃球運動技能具有十分重要的作用。

　　投籃的動作方法很多，依據臨場運用的形式與特點，可以把投籃的多種動作方式進行歸類。

一、原地投籃

原地投籃是進攻隊員出現防守空檔和罰球時使用的一種投籃方法，主要有雙手胸前投籃（女子和兒少使用較多）和單手肩上投籃兩種。原地投籃的優點是投籃者不必考慮起跳時機，穩定性較高。

單手肩上投籃：

投籃時，投籃者要採取一種較好的身體平衡姿勢面向球籃以保持良好投籃的力量和節奏。以右手投籃為例：兩腳與肩同寬，腳尖朝前，投籃手同側腳在前，另一隻腳的腳尖與前腳的腳跟在一條橫線上，膝關節彎曲，頭、肩、膝、腳尖在一條垂線上。投籃手持球的後下部，手心朝向球籃，五指自然分開，指根以上部位持球，肘關節內收，保持大臂與地面平行、上臂與地面垂直的姿勢，左手扶球的左側下方，雙手持球於肩前部位，投籃時雙腳蹬地，腰腹伸展、伸臂、抬肘、壓腕、手指撥球，把球投出，直到球觸籃圈，投籃手臂保持向前上方伸展跟隨動作（圖4-7）。

不管採用哪種方式投籃，投籃不中，通常是由多種原因造成的。如果投籃投不到，通常是因為你沒有運用腿部力量、沒有跟隨動作或節奏慢、用力不協調；如果投籃投過了，通常是因為投籃手臂伸展不夠使投籃弧度太小，你的肩膀後仰或持球手分開過大，影響球的上舉；如果右手投籃，球觸到籃圈的左邊，通常因為沒有面對球籃或持球在右髖位置或距離右側太遠或投籃時從右向左推球；如果投籃後球觸籃圈旋轉出來，通常是因為投籃時投籃手在球側或球從無名指而不是從食指投出或非投籃手的拇指推

1

2

3

圖4-7 單手肩上投籃

1

2

圖4-8

球；如果投籃缺乏控制並且球重重砸在籃圈上，通常是因為投籃手全手掌觸球（圖4-8）。

單手肩上投籃出手動作：

※注視目標。

※腿、背和肩部伸展。

※抬肘。

※手腕和手指向前彎曲。

※球出手食指撥球。

※球離手前手一直觸球。

※保持手臂伸展、食指指向籃圈，投籃手掌心向下，非投籃手掌心向上的投籃跟隨動作。

要點：

你的投籃看似正確，但你仍然投不中。這是因為你的注意力可能沒有集中在目標上。球中籃前注意力要集中在目標上，而不是在球的飛行上。

二、跳起投籃

跳起投籃與原地投籃相似，區別在於跳投時持球更高並且跳起後投籃，這需要上體、手臂、手腕和手指更多用力。跳起投籃的優點是增加了防守隊員封蓋難度。

準備跳起投籃時，投籃者應該採取一種較好的平衡姿勢。以右手跳投為例：兩腳與肩同寬，腳尖朝前，膝關節彎曲，後背保持正直，兩肩放鬆正對籃筐。投籃手持球的後下部，手心朝向球籃，五指自然分開，指根以上部位持球，肘關節內收，保持大臂與地面平行、上臂與地面垂直的姿勢，左手扶球的左側下方，雙手持球於肩前部位。

起跳時腳蹬地，腰背伸展，肘關節上抬，右臂伸展，手腕手指前屈，食指撥球，直到落地前保持投籃手臂跟隨

動作。

　　起跳的高度依靠投籃的距離，當被緊逼防守在內線跳投時，起跳高度較高，投籃在最高點出手，手臂、手腕、手指提供大部分投籃力量；

　　對多數遠距離外線投籃而言，則不需要跳很高，腿部的力量更多供應投籃而不是起跳高度，應該是感覺起跳同時投籃而不是在起跳最高點投籃，此時跳起投籃的身體平衡比你起跳的高度更關鍵，同時流暢的節奏和手臂充分伸展也是遠距離跳投的重要影響因素（圖4-9）。

圖4-9　跳起投籃

跳投動作：

※起跳接著投籃，跳的高度依賴於投籃距離。

※腿、背和肩部伸展。

※抬肘。

※手腕和手指前屈。

※食指撥球。

※球出手前維持平衡手觸球。

※保持手臂跟隨動作（圖4-10）。

要點：

※持球要高，利用腿的蹬伸來控制節奏而不是降低球的位置。

※控制你的身體重心，起跳和落地在同一位置。

三、行進間投籃

行進間投籃是在切入和突破到籃下時運用的投籃技

1　　　　　　　　　　　2

圖4-10

術。行進間投籃過程中為了跳得高，投籃手同側腳跨步接球後投籃前的一步應當小，這樣有利於起跳腿彎曲，變向前的動力為向上的動力。起跳時，投籃手一側的膝關節要提起，投籃手持球的下部，非投籃手扶球的側面持球於耳朵與肩膀之間，手臂、手腕和手指成45°～60°角直接向球籃伸展，球最後由食指撥出。

行進間投籃的基本方式包括行進間低手投籃、行進間高手投籃、行進間反手投籃、行進間勾手投籃。

(一)行進間單手低手投籃（以右手投籃為例）

運球或跑動中右腳跨出一大步的同時接球，左腳接著跨出一小步並用力蹬地起跳，腿、背和肩部伸展，右膝提起，右手手心朝上，五指自然分開持球的下部，左手扶球

的左側下方，雙手持球於肩上位置，向球籃方向舉球。

當起跳接近最高點時，右手手腕上挑，手指上撥，球由食指撥出，落地後保持身體平衡（圖4-11）。

圖4-11　行進間單手低手投籃

(二)行進間單手高手投籃（以右手投籃為例）

運球或跑動中右腳跨出一大步的同時接球，左腳接著跨出一小步並用力蹬地起跳，腿、背和肩部伸展，右膝提起，右手五指自然分開持球的下部，左手扶球的左側下方，雙手持球於肩上位置。當起跳接近最高點時，右手臂伸展，肘關節上抬，手腕前屈，食、中指撥球把球投出，落地後保持身體平衡（圖4-12）。

圖4-12　行進間單手高手投籃

行進間投籃準備姿勢：

※上一小步。

※降低起跳膝關節。

※肩部放鬆。

※非投籃手在球下，投籃手在球上。

※肘關節內收。

※舉球在耳朵和肩膀之間。

行進間投籃動作：

※提起投籃手一側的膝關節。

※向上起跳，腿、背和肩部伸展。

※抬肘。

※手腕和手指向前彎曲。

※球出手時食指撥球。

※球出手前非投籃手始終扶球。

※投籃後手臂有跟隨動作。

※平衡落地到起跳位置（圖4-13）。

要點：

抬頭注視目標，起跳前跨出一小步以便你可以快速降

1

圖4-13

低起跳腿，產生向上動力。當你起跳時，異側腿上抬的同時向球籃方向舉球。向上提膝，同你的手臂產生的合力轉化成使整個身體跳得更高的動力。

四、急停跳起單手投籃

(一)接球急停跳起單手投籃(以右手投籃為例)

在移動中跨步或跳步急停，接球前屈膝降重心，接球

時兩手放鬆，右手在球後朝向球籃，左手在球的側下方扶球，雙手持球於右肩前上方位置，站立成三威脅姿勢，接著腿部蹬伸快速起跳，腿、背和肩部伸展，右臂前伸，肘上抬，手腕前屈，食、中指撥球，落地後保持身體平衡（圖4–14）。

要點：

※面向球籃以便你能看到傳球者和球籃。

※兩腳與肩同寬，腳尖朝前。

※接球時手要迎著球。

圖4-14　接球急停跳起單手投籃

※肩部放鬆，肘部內收。

※持球在耳朵和肩膀高度。

(二)運球急停跳起單手投籃（以右手投籃為例）

運球中，右手在膝關節位置抄球成右手在上左手在下的持球動作，同時跳步或跨步急停，屈膝降重心。當向上舉球投籃時，右手後旋朝向球籃，左手扶球的左側下方舉球於右肩前上方位置。接著腿部蹬伸快速起跳，腿、背和

圖4-15　運球急停跳起單手投籃

肩部伸展，右臂前伸，肘上抬，手腕前屈，食、中指撥球，落地後保持身體平衡（圖4-15）。

要點：

※控制運球到投籃手一側膝關節前。

※抄球時投籃手在上。

※非投籃手在球下。

球不中碰到球籃的左側或右側是因為從側面伸手抄球，從體側開始投籃。當出現空檔時，在投籃手一側膝關節前運球，抄球同時面向球籃成恰當的投籃姿勢。不要伸手拿球。

五、罰　籃（罰球）

成功的罰籃需要合理的技巧、動作程式、放鬆、注意力、節奏和自信。程式、放鬆和節奏有助於集中注意力和自信心。

積極思考。你經常從罰球線後同一位置投籃，沒有人

防守你，球籃是大的，三個半球可以裝入籃圈，你有自信並掌握合理的技巧就不會投失球，表現得像一名射手一樣，球進入籃圈以前，誇大投籃手臂跟隨動作，眼睛始終注視目標，投籃手臂上伸。

　　透過檢查投籃前的技巧來培養合理的罰籃常規。罰籃常規也可以幫助你放鬆、集中注意力並且投籃有節奏。最重要的是利用罰球程式將加強你的自信。罰球程式可能包括運幾次球、檢查技巧、投籃前利用想像從心理上訓練你的罰籃和深吸氣放鬆。採用合理的罰球程式並保持它，模仿時尚或不斷改變你的罰球程式是一種錯誤。

　　大多數球員都是利用單手投籃進行罰籃（圖4-16），花時間去控制每一項基本技巧：目光、平衡、手的位置、肘內收的姿勢、投籃節奏和投籃後跟隨動作。

　　下面是一個你可以採用並適合你的典型程式：在裁判

圖4-16　罰球

員遞交球前站在罰球線後幾步，在那裡你將會更加放鬆，如果你從人群中聽到否定的言論，或意識到你自己的否定思想，那麼就利用「停止」這個單詞來干擾它們，深吸氣。當你呼氣時摒棄否定思想，用像「我是一個射手」「只有球籃」這樣的積極肯定的陳述來代替它們。

一旦你接到球，雙腳站立，確定球（不是你的頭部）與球籃中點在一條直線上，以平衡身體姿勢站立。一些運動員運幾次球來放鬆自己，當你運球時，使運球手在球上方，當你把球舉到投籃位置時，這將有助於使你的投籃手面向球籃。手部姿勢要放鬆，食指與球的氣嘴在一條直線上，接著，檢查你的肘內收的姿勢。深呼吸放鬆，投籃前，腦中想像成功投籃的情景，你投籃前的想像可以產生更加流暢和自然的節奏，增加自信心。

投籃前，注意力集中在籃圈前的目標上，投籃時使注意力始終集中在目標上，開始時舉球要高，利用腿部蹬伸動作來保持節奏而不是降低球的位置來保持節奏。腿部蹬伸動作可以為你投籃提供動力，當你在比賽最後時刻你的腿已經疲勞時，這個動作尤其有幫助。透過開始時保持高的持球和利用腿部保持節奏，你將減少可能由於持球低而帶來的錯誤。誇大你投籃後的跟隨動作，在球中籃前，眼睛始終注視目標，手臂高舉。

當你罰籃時學會放鬆。與其他投籃方式相比你有更多的時間思考。過度的嘗試可能導致不當的身體和心理上的緊張。利用深呼吸放鬆身心，罰籃時，你尤其應當放鬆你的肩膀，深呼吸使你的肩膀下沉和放鬆，同樣的應當使你的手臂、手和手指放鬆。學會放鬆身體其他部分。在罰球

過程中控制你的呼吸，放鬆你的肌肉尤其有用。

以流暢、自然的節奏罰球。罰球時利用思想幫助你建立流暢和連續的節奏。這一節奏跟隨你的投籃動作，從一開始做投籃動作時就應使用這種方法，直到你出手為止。利用人性化關鍵字，這種方式建立了你的投籃節奏，提高了你的投籃技巧，增強了你的投籃自信心。

自信和注意力是緊密相連的。利用肯定性陳述可以提高你對自己和你的投籃能力的自信思想。例如，你可以對自己說：「我是一名射手！」或想像你過去的成功。

投籃前最後要做的事情是注意力集中於籃圈前面的目標，然而開始罰球前最重要的一步是忽略外界干擾，注意力集中在籃圈。注意力集中於成功的投籃，不要去想失敗的投籃或你已做錯的事情，停留在現場，你強調像「籃圈──進──跟隨動作」等參照詞同時想像成功的投籃，最重要的是享受罰球時刻。投籃時注意力集中到目標上。

如果你發現你罰球的節奏比投籃更不均衡或更慢，你就要訓練自己在投籃流暢時說關鍵字，從投籃開始到球出手選擇陳述關鍵字的時機。

不要被觀眾或自己的消極思想所干擾，將注意力集中在目標上。

罰球程式：

※投籃腳在罰球線稍外側。

※身體姿勢保持平衡。

※非投籃手在球下，投籃手大拇指放鬆朝向球籃。

※肘關節內收。

※球在耳朵和肩膀之間的高度。

圖4-17

※肩膀放鬆。

※注意力集中於籃圈上的目標（圖4-17）。

罰籃出手動作：

※有節奏的動作。

※腿、背和肩部伸展。

※抬肘。

※手腕和手指前屈。

※食指撥球。

※球離手前維持平衡的手放在球上。

※投籃要有自信和節奏。

※球觸籃圈前保持手臂伸展、食指指向籃圈和手臂上舉的投籃跟隨動作。

要點：

如果你在罰球前和罰球過程中感覺緊張，請深呼吸放鬆你的身心，肩膀下垂放鬆，保持手臂、手和手指放鬆，並學會放鬆身體其他部位。

持球動作方法：

※兩腳與肩同寬，腳尖衝前。

※膝關節彎曲。

※肩部放鬆。

※肘內收。

※球在肩膀和耳朵間的高度。

※非投籃手在球的下方，投籃手朝向球籃。

六、三分遠投

對三分投籃來說，站在三分線外足夠遠的距離，以避免注意力集中在是否踩線上。注意力要集中在球籃上，不要低頭看線，不要看不到目標。跳投保持身體平衡，起跳投籃不要緊張。

投籃距離越遠，正確的投籃技巧、用力順序和節奏越重要，三分投籃時，你通常有時間投籃，因此不需要跳得特別高。你可以更多利用腿部力量，以及從跳投中積聚額外的力量。你也可以從背部和肩部的連續用力受益，要感

覺到你是在起跳同時投籃而不是在起跳最高點出手。

　　起跳時努力保持身體的平衡能使你投籃放鬆。身體平衡和控制比最大起跳高度重要。流暢的節奏和完全的投籃跟隨動作能提高遠距離跳投的命中率，和所有跳投一樣，三分投籃出手後你應當落回到原來的起跳位置。

　　成功的三分射手應該具有流暢、均衡的投籃節奏，腿、背、肩連續的用力方式，正確的技巧，像手的姿勢和肘內收的姿勢，以及投籃後完全的手臂跟隨動作（圖4- 18）。

投籃準備姿勢：

　　※站在三分線後面。

圖4-18 三分投籃

※一兩腳與肩同寬,腳尖衝前。

※屈膝。

※肘內收。

※持球在耳朵和肩膀高度,肩部放鬆。

※非投籃手在球下,投籃手拇指放鬆,朝向球籃。

※如果需要,上步投籃(圖4-19)。

自信而且有節奏地投籃:

※起跳放鬆,向上投籃。

圖4-19

※投籃要有自信和節奏。

※力量來自腿、背和肩部的持續用力。

※抬肘。

※手腕和手指前屈。

※食指撥球。

※球離手前，非投籃手一直扶球，投籃後手臂跟隨。

要點：

投籃投不到的通常原因是：

（1）沒有利用腿、背和肩部的力量；

（2）沒有投籃跟隨動作；

（3）投籃節奏慢或不均衡。

透過感覺來判斷問題原因在哪裡，強調腿、背和肩部的伸展聚集的力量，在球觸籃圈前由手臂的上舉來完成手臂跟隨動作，增加投籃的節奏速度，或使投籃的速度更均衡。

七、勾手投籃

勾手投籃的優勢是不易被封蓋，即使面對高大對手。勾手投籃一般限制用於靠近球籃1～2公尺範圍內，學會任何一手進行勾手投籃都可以大大提升你在限制區內攻擊的有效性。當它被很好地運用時，就會迫使對手加強防守。向一側做勾手投籃的假動作可以為向另一側強攻、突破或傳球創造空檔。與普通想法恰恰相反，其實勾手投籃並不難學，透過實踐，你將可以用你的弱手和強手一樣進行勾手投籃。

從背對球籃的平衡的身體姿勢開始，兩腳與肩同寬，

屈膝,眼睛由轉身的一側肩膀注視目標,在與籃板成45°角的位置,透過利用籃板可以使投籃柔和,提高準確性。當投擦板球時,注視籃板最近角的最高點,如果你不是在45°角的位置,注視籃圈上沿。

大多數情況下,你將向投籃方向的另一側做投球的假動作,假動作後,從下面移動投籃手,非投籃手在球後面的稍上面。這被稱為勾手投籃姿勢,投籃手的肘關節彎曲,大約在臀部位置,球與投籃手一側肩膀在一條直線上。

利用你投籃手一側的異側腳向防守跨步,當你跨步時,持球於身後,用頭和肩膀保護球,而不是球領先,跨步同時向內側轉身,使身體朝向球籃,投籃手一側腿提起,中樞腳跳起投籃。

當你從靠近耳朵的方向伸展你的投籃手臂時,用勾手動作舉球投籃,手腕和手指向目標彎曲,球由食指撥出。非投籃手在球出手前離開球,平衡落地,準備用兩手搶投籃不中的籃板球,並且利用強攻得分。

一次投籃不中的勾手投籃被認為是對自己的一次傳球,試圖封蓋你勾手投籃的防守隊員,將失去搶籃板球擋人位置,不能阻止你搶籃板球。

如果投籃的球側旋,它觸到籃圈就會旋轉出來或從前向後轉出不會命中。如果你開始持球時手在球的側面,當你投籃時球就會旋轉到一側,或球最後由無名指而不是食指出手,你將使球側旋。兩種錯誤都會產生側旋而不是後旋。勾手投籃的開始姿勢是,你的投籃肘與你的髖關節在一條直線上,投籃手在球下,非投籃手在球的稍後上方,球

由食指撥球出手，球後旋，如果球觸籃圈，將中籃。

　　如果你右手投籃球觸籃圈右側，你的投籃跟隨動作正好使你的手臂在你的頭前；如果你右手投籃球觸籃圈左側，你的投籃跟隨動作正好使你的手臂在你的頭後。為了糾正這兩種錯誤，勾手投籃開始的持球動作應改為，你的投籃手的肘關節與髖關節在一條直線上，使你在靠近耳朵的位置直接向球籃伸展手臂。

　　如果投籃投不到或投過了，你的肘關節可能伸展不完全、不連續，每次投籃都應充分伸展手臂（圖4-20）。

圖4-20　勾手投籃

勾手投籃準備姿勢：

※背對球籃。

※兩腳與肩同寬。

※屈膝。

※肩部放鬆。

※投籃手在球下，非投籃手在球後。

※肘關節在髖關節高度。

※球在後面，以頭和肩膀保護球（圖4-21）。

圖4-21

勾手投籃動作：

※跨步向內轉身。

※在靠近耳朵位置向上舉球。

※抬肘。

※手腕和手指彎曲。

※球出手食指撥球。

※球出手前非投籃手扶球。

※落地時保持身體平衡，準備搶籃板球（圖4-22）。

圖4-22

要點：

在球出手之前，保持身體平衡，手一直在球上，非投籃手不要離開球太快。

第三節　投籃練習方法

一、投籃熱身

靠近球籃投籃作為熱身方式有助於提升投籃信心，糾正投籃動作與節奏。開始以平衡的姿勢站立於球籃前3公尺、籃板前4.5公尺，以良好的投籃姿勢持球在你的投籃肩部前方。投籃，在球觸地板前一直保持手臂上舉的跟隨動作。糾正手的姿勢——投籃手在球後——出手時食指撥球將使球後旋，可使球向你反彈。

你投籃感覺和球在籃圈上的反應得到回饋。強調你的感覺的關鍵詞將會產生成功的投籃。

例如，如果你投籃不到，並且感覺產生的原因是沒有運用腿部力量，就要強調關鍵字「腿」。如果投籃不到是由於跟隨動作不徹底，就要強調關鍵字「跟隨動作」。如果投籃不到是由於節奏慢，要加快你的腿部蹬伸動作，同時用更快的節奏說關鍵字「屈膝蹬伸」。如果投籃過了，就要提高投籃的弧度，並說出這個關鍵字。如果投籃偏了，就要調整投籃方向並說關鍵字「伸直」。

增加難度：

■在3公尺距離連續投籃5次後，距離增加到4公尺。

■在4公尺距離連續投籃5次後，向後移動到罰球線位置。

要點：

※有節奏地運用關鍵字。

※感覺你的投籃。

※運用正確的投籃技術。

※在每一距離成功地連續完成5次投籃。

二、單手投籃

運用強手或弱手進行單手投籃是培養從開始到完成投籃能力的一種極好的方法，這一過程保持投籃手朝前，這有助於消除球的側旋，也可以培養向籃筐舉起球動作而不是拋球。如果你的非投籃手易於干擾你的投籃（例如你的非投籃手的拇指撥球），這個練習將特別有益。

單手投籃練習使你注意力集中在正確的投籃手的姿勢，這種姿勢是投籃手在球後，肘內收成一直線，用一個短促的動作向籃筐舉起球。

開始在距離籃筐 3 公尺處，投籃手在肩與耳朵之間的位置，正對籃圈，用非投籃手把球放在投籃手上，不要用投籃手拿球，現在把你的非投籃手放到體側，投籃手的食指置於球的中心保持球的平衡，檢查你的前臂與地面成一個直角，與上臂成 L 形。這種姿勢有助於向球籃舉起球而不是拋球。檢查肘內收成一直線，以使球保持在肩部的前上方。當你投籃或糾正投籃時，有節奏地運用你的個性化關鍵字，如果你傾向於把球放在後面，然後拋球而不是向球籃舉球，那麼你應該考慮運用關鍵字「向前」或「舉起」。如果你投籃未中是由於肘外展，那麼就要考慮用「內收」做關鍵字。

　　當你用弱手投籃時，你可能有一個推球的傾向，而把投籃不中的球投到籃圈對側，出現這種傾向時，要強調腿部的蹬伸動作，並向籃圈舉起球。可以考慮把「屈膝蹬伸」作為關鍵字。

　　要點：
　　※投球時有節奏地重複關鍵詞。
　　※運用正確的投籃技巧。
　　※用強手和弱手嘗試連續投籃 5 次。

三、仰臥投籃

　　這個練習集中於正確技術，像投籃手置於球後，肘內收成一直線，食指正確地撥球，跟隨動作，在適合的位置接球投籃。

　　仰臥，把球置於投籃的肩部上方，投籃手置於球後，食指放在球的中心，檢查肘內收成一直線，把球投到空

中，保持充分的跟隨動作（肘關節完全伸展），你要讓球
直線落下，以便你不用伸手就可以接到球。也可以讓你的
同伴站於你的前方或後方，向他投籃。從你投球的感覺和
球的運行方向來得到回饋。強調你的投籃感覺將會帶來一
次成功的投籃。

　　如果你的投籃偏向一側，你要把精力集中在手臂的伸直
動作上，並在腦海強調「伸直」這個關鍵詞（圖4-23）。

　　增加難度：

■在完成連續5次投籃後，提高每次投籃的高度。

■閉上眼睛。

圖4-23

要點：

※運用正確的投籃技術。

四、坐在椅子上投籃

坐在椅子上投籃能培養向籃舉球動作和肘關節充分伸展的連貫性。這個練習可以擴大投籃的範圍並能幫助球員糾正拋球的傾向。坐在椅子上投籃需要運用你的背、肩和手臂的充分伸展所產生的力量進行投射。

在籃筐前3公尺處放一把椅子，訓練以自我為中心，使自己身心平衡。當你注意力集中時，你就處在穩定的狀態，你的肌肉放鬆，呼吸要比平常稍深且更慢。對於你要完成的技術來說，身心集中也包括均勻地平衡你的身體重量，這對於獲得爆發力特別有幫助，以自我為中心要有自信的思想，有控制地呼吸和均勻地平衡你的身體重量。集中身心會讓你提高身體重心，並把你的力量從後背傳到肩部從而產生投籃的全部力量。

　　把你的投籃手置於球後，食指在球的中心點上。檢查肘關節內收成一條直線。當你投籃時，你的背、肩、臂、腕和手指依次用力。從投籃開始一直到球出手，你要有節奏地說出你的個性化關鍵詞。想像一個具有標準投籃動作的成功投籃。從投籃的感覺、距離、方向和球在籃筐上的反應來獲得回饋。如果球投不到，「跟隨」是一個很好的關鍵詞。增加投籃距離，就要盡力運用背——肩——手臂伸展依次發力來獲得力量（圖4-24）。

圖4-24

增加難度：

■在3.6公尺距離連續5次投籃後，向後移動椅子到離籃筐4.3公尺的距離。

■在4.3公尺距離連續5次投籃後，向後移動椅子到離籃筐5.5公尺的距離。

■在5.5公尺距離連續5次投籃後，向後移動椅子到離籃筐6公尺的距離。

要點：

※注意恰當的調整和形式。

※投籃時有節奏地說你的關鍵詞。

※在每個距離盡力連續成功投籃5次。

五、罰球練習

每天進行一定數量的罰球練習。在其他練習結束後安排幾組10次罰球練習，因為在比賽期間一名隊員很少有連續2次以上的罰球。進行這個練習時，離開罰球線前連續罰球不要超過兩次。

在壓力下進行練習，運用想像和自我競爭。例如，想像比賽的時間已經結束，罰球將會贏得這場比賽的勝利。記錄你在每一百次罰球嘗試中所罰中的次數，並不斷地挑戰你的紀錄。以同樣的方式繼續進行罰球練習。

要有信心。在你走到罰球線前要表達出積極肯定的態度，並在投球前想像一次成功的投籃。罰球時有一套程式有助於建立自信，並運用深呼吸以及肌肉放鬆的技術。投籃前的最後一步要消除所有分散注意力的因素，把精力集中於籃筐上。

從你開始罰球到球出手要有節奏地說出你的個性化關鍵詞。如果你投籃未中，要想像一次具有標準投籃動作的成功投籃，並再次說出你的關鍵詞。

要點：

※罰球前，利用你的罰球程式，並說出你的關鍵詞。

※在做每一次罰球時要對自己的罰球能力有信心。

※在投籃前想像一次成功的投籃。

六、跳投熱身

這個練習的目標是提升跳投的信心、動作、節奏和範圍。開始時在籃筐前約4.3公尺距離以平衡的姿勢站立。從那個距離每次完成跳投都要運用正確的動作，跳投的持球高度要比原地單手投籃高。跳起的高度要根據投籃的距離而定。當你靠近籃筐時，你應該在起跳最高點出手，你的手臂、手腕、手指要提供大部分的力量。

遠距離投籃時，你不需要跳得太高，要更多地運用腿部的力量進行投籃，努力地平衡起跳，從而使你在球觸籃板前能夠保持手臂的跟隨動作。

增加難度：

■在3.6公尺距離連續投籃5次後，向後移動到4.2公尺距離。

■在4.2公尺距離連續投籃5次後，向後移動到罰球線距離。

■再次向後移動在6.75公尺距離連續投籃5次。

要點：

※根據你的投籃距離，跳起到合適的高度投籃。

※跳起投籃運用良好的技巧。

※在每個距離嘗試連續投籃5次。

七、擦板跳投熱身

除了你在球籃的每側45°角投籃外，擦板跳投熱身練習與平常的跳投熱身練習一樣。開始與籃板成45°角以平衡的姿勢站立，距離在籃板與兩側限制線上的中立區標誌之間。

當你向外移動時，加寬籃板角度的距離，被稱為45°角漏斗，擦板投籃時目標鎖定在靠近你的籃板上黑框上角，並要從開始投籃到出手有節奏地說出你的關鍵詞，投籃從球籃的左右兩側進行（圖4-25）。

要點：

※運用正確的技術進行擦板跳投。

※在每一側每個距離成功地完成5次擦板跳投。

八、交叉步勾手投籃熱身

當每隻手能連續5次勾手投籃後，運用一個交叉步進行移動中的勾手投籃。

開始時，頭部位於籃圈的前下方，面對邊線，以勾手投籃的姿勢持球。用靠近球籃內側腳朝罰球線方向交叉跨步進行勾手投籃。交叉步時向球籃方向轉動，並在投籃時提起投籃手側的膝關節。

要點：

※運用正確的勾手投籃技術，手腳配合協調。

※盡力用每隻手連續5次勾手投籃。

圖4-25

九、交替換手勾手投籃

在這個練習中你將運用交叉步交替左右手進行勾手擦板投籃。

第一次投籃時用你的右手。開始時在籃圈下方，面對右側邊線，以右手在球下的勾手投籃的姿勢持球。內側腳以45°角交叉跨步，朝籃筐轉身，投籃同時右膝上提，用右手擦板投籃。

目光注視籃板上靠近你的黑框頂角處。在搶投球入籃或投籃不中的籃板球後，要用雙手接球，並以左手在球下勾手的投籃動作持球，面對左側邊線，右腳以45°角交叉跨步，轉身進行左手的擦板投籃，然後雙手接球，繼續進行這個練習，交替左右手進行勾手投籃（圖4–26）。

要點：

※投球中籃或搶投籃未中的籃板球後，用雙手接球。

※盡力用交叉步交替運用每隻手做連續的勾手投籃。

1

156

圖4-26

十、接球急停投籃練習

隊員依次站好，除排頭外，其他每人一球。④向一側
拉開跑動後做擺脫動作，移動中接⑤傳來的球急停投籃，
並自搶籃板球到隊尾，如此反覆進行（圖4-27）。

要點：

拉開跑動時要採用側身跑，跑動中要觀察來球，做好
接球準備，接球瞬間要降低重心，急停瞬間要降低重心，
急停起跳動作要紮實有力，體會空中投籃的用力方法。同
伴的傳球要及時、到位，便於接球者的動作練習。

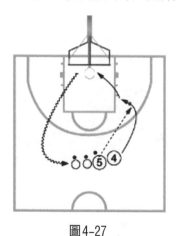

圖4-27

第四節　投籃技術訓練應注意的問題

（1）投籃技術的訓練和其他技術、戰術的訓練一
樣，首先要抓好基礎教學訓練，使隊員正確地掌握投籃的
動作要領，掌握正確的投籃動作。

（2）投籃的訓練要根據隊員的條件和主要進攻位置的特點，選定一、兩種或幾種投籃方式反覆訓練，要突出重點和行之有效，強化投籃的技術，不斷提升準確性。

（3）投籃訓練必須貫穿整個訓練過程的始終，訓練時必須同擺脫防守、突破、搶籃板球緊密結合。

（4）投籃訓練應當根據本隊特點和戰術需要，在高速度、高強度、高對抗中練習投籃技術，同時按配合方式需要進行練習。

投籃技術常見易犯錯誤

（1）如果投籃投不到，通常是因為你沒有運用腿部力量、沒有跟隨動作或節奏慢、不均衡。利用神經回饋和感覺來決定你是否需要更多的腿部力量、更協調的跟隨動作（要使手臂向上伸展到球接觸籃圈為止）或更快更均衡的節奏。

（2）如果你投籃過了，通常由於投籃手臂伸展不夠而使投籃弧度太小（小於 45°），你的肩膀後仰或你的手持球時分開太大，影響球的上舉。使肩膀在一個向上放鬆的位置，兩手更靠近，提高投籃手臂以使投籃弧度提高。

（3）如果你肩膀後仰、後撤步或肘部伸展不完全、不連續，你投籃就可能投不到或投過了。頭部的跟隨動作將阻止身體後仰或後撤步，每次投籃都要完全伸展手臂。

（4）如果你右手投籃，球觸到籃圈的左邊，是因為你沒有面對球籃或你開始持球在右髖位置或距離你的右側太遠，或者你投籃時是從右邊向左邊推球，推球導致沒有利用腿部力量。身體面向球籃，持球在投籃手一側耳朵和

肩膀之間，肘內收，使你的投籃手臂、手腕和手指向球籃伸直。

如果你的投籃缺乏射程、控制和連貫性，或投籃不到或過了或者投籃偏了，可能是由於你的持球低了，使它在頭後或肩膀後，或有不連貫的跟隨動作投籃。這些錯誤的產生是由於你沒有利用腿部力量。開始投籃時持球在你的耳朵和肩膀之間的前面位置。要強調力量來自腿部，由抬肘來完成跟隨動作，直到球觸籃圈。

（5）如果球觸到籃圈並旋轉出來，或從前向後撇出，而不是觸到籃圈上球進，它就意味著投籃前投籃手在球側，當投籃時手在球後旋轉手臂，或球從無名指而不是從食指投出。另一個可能的原因是拇指撥球——非投籃手的拇指推球。這些錯誤會使球側旋而不是後旋。所以你的投籃手應該在球後，你的平衡手在球下，球從食指投出。

（6）如果你的技巧看似正確，但是投籃缺乏控制並且球重重地砸到籃圈上，這可能是因為你的全手掌觸球。投籃手的拇指要放鬆，五指指腹觸球，掌心空出，接著球保持後旋，有控制地、輕鬆地從食指投出。

第五章
怎樣成為籃板王

　　籃球比賽中雙方隊員爭搶投籃未中從籃板或籃圈反彈回的球，統稱為搶籃板球。防守隊員爭搶對方未投中的球稱為搶防守籃板球；進攻隊員爭搶本隊投籃未中的球稱為搶進攻籃板球。無論是進攻或防守，爭奪籃板球都是一個重要環節，它是獲得控制球權的重要來源之一。

　　如進攻籃板球佔優勢，即可增加進攻次數和籃下直接得分機會，還能在士氣上增強投籃隊員的信心，同時減少對手反擊快攻的機會；如防守籃板球佔優勢，不僅能為發動快攻創造機會，還能增加反攻隊員投籃的信心。

　　籃球比賽中的特點決定了隊員在爭奪籃板球時，不僅要有熟練的搶籃板球的技術和能力，還應具有應付各種複雜情況的應變經驗，能根據球場上的不同情況迅速做出正確判斷，及時合理地運用搶籃板球技術動作。籃球比賽中籃板球的爭奪往往體現了運動員的意識、經驗和拼搏作風，因此，增強搶籃板球意識，培養拼搶作風，是提升搶籃板球技術的前提。

　　搶進攻籃板球能為你的球隊創造二次得分機會，更重要的是，這些二次投籃都是命中率高的內線投籃，而且可能會創造許多3分投籃的機會。

搶進攻籃板球需要意識和努力，由控制進攻籃板球來獲得控制球經常可以激勵球隊。

　　然而透過防守籃板球獲得控制球是更有價值的。如果你控制了防守籃板球，你的對手獲得二次投籃的機會就會減少，而這些二次投籃常造成輕鬆得分的機會和3分打法。防守籃板球不僅限制了對手的二次得分機會，而且為快攻發動創造了更多機會。

第一節　搶籃板球的要素和基本動作分析

一、搶籃板球的要素

　　評價一個搶籃板球隊員優劣的基本要素是情緒、智力、體力和技術。

　　搶籃板球過程中想要得到球是最重要的因素，這是意識。假設每一次投籃都不中，接著就應把搶每一次籃板球的這種態度融入這種意識中。因為許多籃板球不是由第一個觸球的隊員獲得，而再次努力才是真正需要的。

　　好的籃板手和偉大籃板手的區別是偉大籃板球手追求更多籃板球。搶籃板球過程中的身體接觸需要勇氣。要成為一名偉大的籃板球手，你必須熱衷投身到搶籃板球的戰鬥中，在搶籃板球過程中沒有榮譽，只有勝利。

　　培養搶籃板球的智慧，預測投失的球，觀察籃圈、籃板和準備判斷球將反彈多遠，瞭解你同伴的投籃技巧，並且研究你的對手投籃以便預測去哪裡搶籃板球。觀察投籃

的角度和距離。

大多數投籃的籃板球會反彈到對側，三分投籃籃板球一般反彈的距離遠。研究你的對手，要知道對手每一隊員的力量、彈跳能力、靈敏性、攻擊性、擋人技巧和再次努力等的特徵。

從體能上講，你需要移動，培養速度。搶進攻籃板，要在你的對手身旁快速移動搶球，搶防守籃板，要快速移動擋住對手，然後搶球。不斷透過訓練提升你的彈跳——不僅是彈跳高度，還有速度和爆發力，快速再次起跳對搶籃板球隊員來說是一種寶貴的財富。提升你腿部的肌肉耐力，這不僅能提升你的彈跳高度，而且可以提升你連續起跳的能力。也需要提升你的全身力量，以便使你可以抵抗籃下的身體接觸。

在技術上利用立體視覺來觀察全場，包括球和你的對手，搶防守籃板球，投籃後看你的對手，轉身擋人，然後搶球；搶進攻籃板球，判斷投籃後你的對手如何擋人，利用正確的方法繞過擋人隊員搶球。

以平衡姿勢落地，搶進攻籃板球，準備利用強攻得分或傳球給同伴。搶防守籃板球時，準備轉身利用快速一傳發動快攻。要強化每次搶籃板球的慾望。

二、搶籃板球技術動作分析

搶籃板球技術分為搶進攻籃板球和防守籃板球兩種，它們均是由判斷與搶佔位置、起跳動作、空中搶球動作和獲得球後動作組成。

（一）判斷與搶佔位置

準確判斷投籃後球的反彈方向、距離、落點是搶籃板球的首要任務。球的反彈有一定的規律，一般情況下，籃板球的反彈規律是投籃距離與球反彈距離成正比，投籃距離遠則反彈距離遠，反之，投籃距離近，反彈距離近，再者，投籃出手弧度與反彈距離也有關，弧線高反彈近。另外，不同的投籃位置、角度，球的反彈方向也不同。

從兩側左 15° 右 15° 角投籃時，球反彈方向是在球籃另一側 15° 區域或反彈回來。從兩側 45° 區域投籃未中時，球反彈方向是在球籃另一側正中。從 65° 區域投籃不中時，球反彈方向落點區域在限制區兩側和罰球線內。在 0° 角投籃時，一般球的反彈方向是在籃另一側底線地區，或反彈回同側地區，根據統計，大多數的反彈球落在 5 公尺左右半徑內。

掌握這些規律有利於隊員的準確判斷。在準確判斷的基礎上，應設法占到對手與球籃間的有利位置，力爭把對手擋在身後，在搶佔位置時，應根據對手和投籃隊員所處位置，結合對球的反彈方向、距離的判斷，運用快速的腳步動作配合身體動作搶佔有利位置。

（二）起跳動作

起跳動作是占具高度的關鍵。起跳一般分為單腳起跳和雙腳起跳，搶進攻籃板球時多用單腳起跳，搶防守籃板球時多用雙腳起跳。為了能更好地控制籃板球，應學會結合各種滑步、上步、撤步、跨步和轉身等步法來調整起跳

技術動作。

雙腳起跳動作時，身體應保持正確的起跳姿勢，兩膝微屈，重心降低上體稍前傾，兩臂屈肘舉於體側，身體重心置於兩腳之間，注意觀察和判斷球的反彈方向，及時起跳。起跳時兩腿用力蹬地、提腰、兩臂上擺，同時手臂向上伸展，腰腹協調用力，充分伸展身體，並控制好身體平衡。

單腳起跳應是在判斷球的落點後，向球的落點邁出時，用力單腳跳起，手伸向球的方向。

(三)空中搶球動作

特點：

雙手搶籃板球的觸及球高點不及單手，但控制球比較牢固，更便於保護球和結合其他動作，尤其是在防守隊員搶佔有利位置時，運用雙手搶籃板球更有利。

動作要領：

跳起騰空後腰腹肌用力控制身體平衡，身體充分伸展兩臂，用力伸向球的方向，以提高制高點和擴大佔據空間；當身體和手達到最高點時，雙手指端觸球的一剎那，雙手用力握球，腰腹用力，迅速屈臂將球拉置胸腹部位，同時雙肘外展，保護好球。高大隊員搶到球後，為避免被對手掏掉，可以雙手將球舉在頭上保護好球。

(四)搶球後動作

當進攻隊員搶到籃板球後，兩肘架起保護球以平衡姿勢落地，準備強攻得分或傳球給同伴重新組織進攻。

防守隊員搶到籃板球後，要向接應同伴轉身，快速一傳發動快攻。

第二節　搶籃板球的實戰運用

一、搶防守籃板球

　　搶防守籃板球的關鍵是搶佔對手的內線位置。當搶防守籃板球時，你經常處在對手和球籃之間的內線位置，在即將發生的搶籃板球戰鬥中提前使你處於優勢。防守隊員搶籃板球要突出一個「擋」字，利用自己佔據的靠籃下的內側位置「擋搶」籃板球。

　　搶防守籃板球有兩個基本策略：最常用的指導思想是轉身擋對手，它涉及首先轉身背對對手擋其搶球的路線，接著搶球；另外一個是，只是向對手路線上跨步，然後搶球，當你的靈敏和彈跳能力優於你的對手時，觀察和衝搶，這可能是最好的。但第一種策略轉身擋人被大多數球員所採用。

　　有兩種轉身擋人的方法：前轉身和後轉身，轉身把你的對手擋在身後，然後去搶籃板球。

　　前轉身最好用於轉身擋投籃隊員，投籃後，你只需要向投籃隊員跨步。

　　後轉身最好用於擋無球隊員時，投籃後，你首先觀察對手的切入，接著轉身，向你對手切入方向後撤步，當進攻隊員處於無球狀態時，你的防守姿勢要能觀察到球和對手。

特點：

雙手搶籃板球的觸及球高點不及單手，但控制球比較牢固，更便於保護球和結合其他動作，尤其是在防守隊員搶佔有利位置時，運用雙手搶籃板球更有利。

防守球側的隊員（也稱強側），採用一手上舉，一腳在傳球路線上的防守姿勢，防守球籃對側的隊員（也稱弱側），防守位置要遠離你防守隊員幾步，並且能看到球。當防守無球隊員時，投籃後，首先觀察對手切入，然後轉身，向對手切入方向撤步，轉身擋人搶籃板球。

培養搶每次籃板球的意識，要經常盡力用兩手搶球，但是如果你不能用兩手搶球，可以用一手盡力去搶籃板球直到你或你的對手抓到球。

搶防守籃板球技術動作詳解如下。

轉身動作準備姿勢（圖5-1）：

※面對或背對對手。

※兩腿分開略寬於肩。

※兩手上舉或略張開於體側。

圖5-1

圖5-2

擋人動作（圖5-2）：

※以靠近對手切入一側腳為軸後轉身。

※另一腳後撤擋住進攻人前進路線。

要點：

首先盯住對手，搶佔內線位置，轉身擋人，接著衝搶籃板球。避免只去看球，而忽略進攻隊員繞過你切入搶球。

兩腳分開要寬，移動時前腳掌著地。

搶球動作：雙手搶球、單手搶球、點撥球（圖5-3）。

圖5-3

圖5-4

雙手搶球（圖5-4）：

※搶球時用兩手抓住球。

※把球置於頭前保護球。

※落地保持身體平衡。

圖5-5

單手搶球（圖5-5）：

※起跳後身體在空中充分伸展。

※達到最高點時，用近球側手臂儘量向球伸展。

※指端觸球迅速屈指、屈腕、屈肘收臂。

※將球拉置於胸腹部位，同時雙腿彎曲，保持身體平衡。

※觀察同伴位置。

要點：

※雙手搶籃板球的觸及球高點不及單手，但控制球比較牢固，更便於保護球和結合其他動作，尤其是在防守隊員搶佔有利位置時，運用雙手搶籃板球更有利。

※在點撥球時應力爭做到落點準確、撥球力量適中。

二、搶進攻籃板球

搶進攻籃板球的關鍵是移動，培養衝每次投籃時都要

移動搶籃板球的意識和意志。移動時通常要使在你和球籃之間的防守隊員預料不到，快速有攻擊性地繞過防守隊員，跳起搶球。通常要盡力用手抓球，如果你不能用兩手抓到球，用一手盡力向球籃點撥球或使它成為活球，直到你或你的同伴抓到它，要想不被擋住，就要不斷移動。

進攻隊員搶籃板球一般是處於防守隊員的外側，需要移動和擺脫對手，因此，搶進攻籃板球時要突出一個「衝」字。如果離籃較遠的外線隊員衝搶被防守隊員阻截時，應運用上體虛晃的假動作及快速變方向跑，擺脫防守，衝向籃下搶球或補籃。如果進攻隊員在籃下附近被防守阻截時，進攻隊員要及時判斷球的反彈方向，運用上體虛晃的假動作和繞前的步法，搶佔有利位置搶球或補籃。

搶進攻籃板球技術動作詳解如下。

搶進攻籃板球準備姿勢（圖5-6）：

※看球和對手。

※進攻姿勢。

※兩手上舉。

1

圖5-6

徑直切入：

※對手前轉身。

※徑直切入、繞過對手。

※兩手上舉。

※搶球。

搶球動作：

※兩手抓球。

※保護球在頭前。

※落地時保持身體平衡。

遇防守隊員嚴密阻擋時，切入假動作（圖5-7）：

※成兩手上舉的進攻姿勢。

※對手利用後轉身擋人。

※向對手轉身一側做假動作。

向反方向切入：

※向相反方向切入。

圖5-7

※保持兩手上舉。

※搶球。

後轉身：

※後轉身。

※手臂壓在對手手臂上。

※搶球。

向後撤步：

※向後撤步，離開對方背部。

※對手失去重心後倒。

※衝搶球。

※球保護在頭前位置，肘關節外展張開遠離對手（圖5-8）。

空中搶籃板球（圖5-9）：

※用兩手搶球。

圖5-8

圖5-9

175

※球保護在額前。

※落地保持身體平衡。

要點：

兩手上舉能有效避免你的對手從你的手臂上面勾住你的手臂。

第三節　搶籃板球的練習方法與訓練原則

一、搶籃板球的練習方法

(一)搶防守籃板球練習

1.轉身擋投籃隊員

這個練習需要兩名隊員。開始時，你為防守隊員，你的同伴為投籃隊員。投籃隊員開始在罰球線外持球，你採用防守姿勢面對同伴。讓對方投籃，然後用前轉身擋住投籃隊員，如果投籃不中，搶籃板球。同時，投籃隊員也要設法衝搶進攻籃板球。如果進攻隊員搶到籃板球，他可以再次從搶到籃板球的地點投籃。

練習繼續進行，直到你搶到籃板球為止。一旦你得到籃板球，那麼可以有10秒鐘休息時間。

間歇過後，投籃隊員再次從罰球線外開始練習，重複練習4次以上。然後，防守隊員與投籃隊員輪轉換位。

要點：

※防守時，要運用良好的技術擋住投籃隊員。

※進攻時，運用良好的搶進攻籃板技術設法繞過防守隊員的封堵。

2. 轉身擋無球進攻隊員

這個練習需要三名隊員。一名防守隊員、一名進攻隊員和一名投籃隊員。假如首先你爲防守隊員，你將與無球進攻隊員對抗搶籃板球。第三名隊員僅僅扮演投籃隊員角色。投籃隊員在至少在離籃5公尺處的一側投籃，並且故意把球投失。在籃筐對側，你採用的防守的姿勢要讓你同時看到球和無球隊員。

投籃後，首先觀察你對手的切入，接著後轉身，向對手切入方向後跨步，堵住對方路線並搶籃板球。進攻隊員將設法搶投失的籃板球。如果搶到，進攻隊員可以再次從搶籃板球的位置投籃。繼續進行這個練習，直到你搶到籃板球爲止（圖5-10）。

一旦你搶到籃板球，你就可以有10秒鐘的休息時間。間歇後，球重新回到投籃隊員的手中。這個練習要連續重複4次以上。

第5次重複練習後，隊員輪轉換位：防守隊員變成無球進攻隊員，無球進攻隊員變成投籃隊員，投籃隊員變成防守隊員。

要點：

※防守時，觀察你正在防守的隊員和球。

※運用良好的移動技術封堵投籃隊員。

圖5-10

(二)搶進攻籃板球練習

1. 一對二搶進攻籃板球並得分

從籃板前 4 公尺處的籃圈一側以平衡的姿勢站立開始，兩名隊員分別站在你的兩側。向籃板的上方雙手胸前傳球，然後，用雙手搶反彈回的籃板球，並以平衡的姿勢落地。球舉於前額上方，肘外展保護球，就像強硬的雙手投籃一樣，設法運用強力移動得分。

在你搶到籃板球後嘗試得分過程中，其他隊員將透過輕微的碰撞你的手臂，給你施加一些阻力，並設法打掉你手中的球（圖5-11）。重複完成 10 次練習。

要點：

※精力集中在搶籃板球和投籃上。

※運用雙手搶籃板球。

圖5-11

2. 點撥球

　　從籃板前的籃圈一側以平衡的姿勢站立開始，僅用一隻手向高處投球。

　　使球輕輕地打在籃板上，把握投籃時機以便你可以用單手在跳起最高點點撥球，利用強手在籃板的高處連續點撥球5次，然後使球進入籃筐得分（圖5-12）。再運用你的弱手連續點撥球5次，然後使球進入籃筐。

　　變換練習形式並增加練習難度，嘗試兩手交替點撥

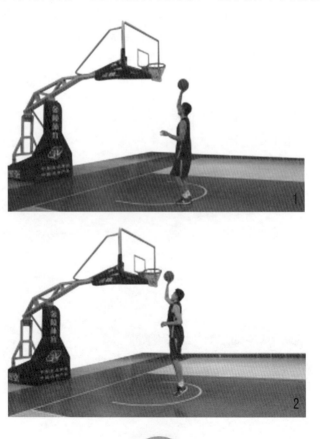

圖5-12

球。從籃板前的籃圈一側以平衡的姿勢站立開始,用你的弱手向高處投球,使球輕輕地打在籃板上,以便使它可以反彈到對側。

快速移動到籃筐另一側,跳起用強手點撥球以便它可以反彈到對側,快速移回到籃筐開始的位置上,跳起用弱手點撥球。

繼續在籃板兩側高處點撥球,並交替換手。在連續3次換手點撥球後,最後一次點撥球入籃得分。

要點：

※運用你的強手和弱手完成練習。

※在起跳的最高點點撥球。

3. 圓圈搶籃板球

這個練習需要三名隊員，開始時球放在罰球圈或中圈內，你作為一名防守隊員，採用一個搶籃板球的姿勢站在圓圈外，面向球，一名進攻隊員以平衡的身體姿勢站在你身後，第三名發號命令。

當聽到「開始」命令時，進攻隊員將利用搶進攻籃板球的方法盡力搶球，而你擋其搶球。你要盡力擋住進攻隊員搶球3秒鐘，3秒鐘後，聽到「停止」命令停止練習，休息10秒鐘，接著再做練習3秒鐘，完成5組，每組中間休息10秒鐘。

隊員接著輪轉：防守隊員成為進攻隊員，進攻隊員移動到發號命令的位置。練習中增加變化，在圓圈搶籃板球練習中增加一個前轉身。

開始時，防守隊員以一個防守姿勢面向被假設是射手的進攻隊員，聽到「開始」命令時，利用前轉身擋住進攻隊員，當你擋人時，進攻隊員利用一種搶進攻籃板球的方法盡力獲得球，3秒鐘內盡力阻止進攻隊員搶到球，3秒鐘後聽到「停止」命令時停止練習，休息10秒鐘後，完成另外3秒鐘的練習，重複完成5組3秒鐘練習，每組間休息10秒鐘。

隊員接著輪轉：防守隊員成為進攻隊員，進攻隊員移動到發號命令的位置，發號命令的隊員成為防守隊員。

圖5-13

要點：

※防守時，運用良好的轉身擋人技巧。

※進攻時，運用良好的搶進攻籃板球的策略繞過防守擋人。

※努力去搶球。

4. 一對一搶位擋人練習

兩人一組傳球給教練後，一人即切入罰球線分位線，做進攻中鋒的動作，當教練員將球投向籃板後，另一人作為防守隊員立即以兩足平行、面向進攻者站立，當判定對手向自己左側啟動衝搶時，利用身體左橫向快速移動搶堵進攻者向籃下移動的路線（圖5-13）。主要用於不能及時做前後轉身的時候，延誤對手的衝搶時機。

要點：

在面對面擋人時，在做頂、擋動作時要用暗力，避免

造成推人、拉人犯規。

二、搶籃板球的訓練原則

（1）首先要明確搶籃板球的重要性，在進行搶籃板球技術訓練中要提升積極拼搶意識，養成「每投必搶」的習慣。

（2）搶籃板球是一項複雜技術，受多方面因素影響。在掌握基本技術動作以後，逐步加大難度，最終在比賽或有對抗情況下進行搶球練習。

（3）要在準確掌握投籃不中時球的反彈、落點規律基礎上，提高搶進攻籃板球時的「衝搶」意識和搶防守籃板球時的「擋搶」意識。

（4）進行搶進攻籃板球練習時要同投籃、補籃技術相結合；搶防守籃板球訓練時要同快攻一傳和快攻接應技術相結合，將搶籃板球技術與攻守戰術相結合訓練。

（5）注意加強身體素質訓練，特別時彈跳能力的訓練，既要加強基本功訓練，又要加強有對抗情況下的訓練。

第六章

怎樣成為一對一鬥牛王

一對一攻防是籃球比賽中最基本的技、戰術表現形式，它是在個人掌握籃球技術基礎上的綜合運動。只有全隊中每名隊員都具備良好的一對一攻防能力，全隊整體作戰能力才能在比賽中更好地發揮。

所以說一對一是全隊攻、守戰術行動的基礎，也是籃球運動基本規律的集中體現。一對一攻防可以分為外線隊員一對一攻防和內線隊員一對一攻防兩種。

第一節　外線隊員進攻技術

一、外線隊員持球突破

(一)持球準備姿勢

當你接到球時，應面向球籃和防守隊員。面向球籃可以使你成可投、可傳或可突破的三威脅姿勢（圖6-1）。

要點：

※看球籃和觀察防守隊員位置。

※頭部、背部保持正直。

圖6-1

※手持球姿勢要牢固，注意保護好球。

※持球在低處。

※屈膝重心降低。

※兩腳與肩同寬。

※重心落在中樞腳上。

※投籃一側的腳做虛晃蹬地的動作。

（二）持球後進攻方式的選擇

（1）如果進攻隊員擺脫了防守隊員接到球，並處於自己習慣的投籃位置時，可以果斷地直接投籃。

（2）如果防守隊員及時趕到，可利用腳步、頭部或投籃等方式的假動作持球突破過人。持球突破過人可以分為交叉步突破和順步突破兩種方法。當你被防守時，要注意判斷防守意圖，尤其是防守隊員對於你所做假動作的反應，以便及時地做出正確的進攻行動。當防守隊員手在下面時，收回跨步假動作到投籃位置，果斷跳投；當防守隊員手上舉封蓋投籃時，向舉手一側突破。

1　　　　　　　　　　2

圖6-2

　　一般來說，防守隊員上舉的手與前腳在同一側，因此當防守隊員的手在跨步假動作一側時，進攻隊員可以選擇直接順步突破；當防守隊員的手上舉在進攻隊員跨步假動作的對側時，進攻隊員可以選擇交叉步突破（圖6-2）。

　　（3）常用持球一對一進攻技術：順步假動作後直接投籃、順步突破投籃、交叉步突破投籃、後撤步急停跳投。你選擇哪種移動技術取決於防守隊員對你所做的假動作的反應。

1. 順步假動作後急停跳投

　　當防守隊員手在下面的時候，收回順步跨步假動作到投籃位置，果斷跳投。

　　動作方法：

　　投球的假動作一般是進攻隊員做跨步突破假動作，當防守隊員受騙時，快速收回腳步，突破假動作時注意步幅幅度不能太大，並且重心不能上下起伏，以便於與下面的

187

圖6-3

投籃動作相連接（圖6-3）。

　　要點：

　　※做短促的順步突破動作。

　　※收回順步突破動作身體重新保持平衡。

　　※跳投時身體用力協調。

　　※運球前首先做腳步移動動作，學會減少運球。

2. 順步直接突破

　　防守隊員的手在上面且與你做順步的腳在同側，那麼你可以跨一大步從防守隊員的前腳突破。

　　動作方法：

　　以左腳為中樞腳為例：突破時，左腳前腳掌內側蹬

地，右腳迅速向右前方跨出，同時向右轉體側身探肩，重心前移，緊貼防守隊員的左側身體，雙手將球引於身體右側，在中樞腳抬起前用遠離防守隊員的外側手運球，用內側手和身體保護球，然後中樞腳迅速蹬地向前跨出，加速

圖6-4

超越對手突破上籃、急停跳投或突破傳球。需要注意的是必須先放球，否則你將會帶球走違例。在做順步直接突破的過程中，要使身體的重心落在中樞腳上，這樣有助於避免走步。用內側手和身體來保護球（圖6-4）。

要點：

※假動作必須要逼真，縮短自己身體和防守隊員後撤步間的距離。

※用遠離防守的外側手向前運球。

※中樞腳抬起前球必須離手。

※突破時重心要低，要有爆發力。

※根據防守者的位置選擇上籃或跳投、傳球。

3. 交叉步突破

當防守隊員的手在上面，上舉的手在進攻隊員做順步動作的腳的異側且重心已經跟隨你持球順步假動作的方向移動時，你就可以將跨步的腳迅速邁向異側進行突破。

動作方法：

交叉步突破又稱異側步突破。進攻隊員在獲得球時面對防守隊員成三威脅姿勢站立，兩腳開立與肩同寬，屈膝降重心，持球於胸前位置。以右腳作為中樞腳為例：突破時，左腳前腳掌內側蹬地，交叉步向右側前方跨出，上體稍向右轉，側身左肩前探，重心向右前方移動，緊貼防守隊員的左側身體，同時雙手將球引於身體右側，在中樞腳抬起前用遠離防守隊員的外側手運球，用內側手和身體保護球，然後中樞腳蹬地向前跨出，加速超越對手突破上籃、急停跳投或突破傳球（圖6-5）。

圖6-5

要點：

　　※閱讀防守：防守隊員上舉的手在進攻隊員做順步腳的異側。

　　※做短促的順步動作。

　　※假動作後的重心轉移要快速。

　　※交叉步突破防守隊員的前腳。

　　※用外側手運球突破防守隊員。

　　※用側身的動作擋住防守人，內側手保護球。

　　※突破時重心要低，要有爆發力。

　　※根據防守者的位置選擇上籃或跳投、傳球。

4. 後撤步急停跳投

如果防守隊員後退，快速撤回將要做順步突破的同側腳，強側手向後運球，在球後跳停，然後在投籃手一側膝關節位置拿球，投籃手在球的上方，進行跳投。

動作方法：

防守隊員後退，快速撤回將要做順步突破的同側腳，強側手向後運球，在球後跳停，然後在投籃手一側膝關節位置拿球，投籃手在球的上方進行跳投。在膝關節位置拿球時要保持身體的平衡，肩、頭和投籃手的跟隨動作要充分，以避免投籃時身體後仰或向後撤步。

要點：

※做順步突破的腳後撤。

※用強側手向後運球。

※中樞腳離地。

※用非運球手保護球。

※在投籃手一側膝關節位置拿球，投籃手在球的上方。

※向後運球要低，保持頭和肩前傾，使你的身體協調用力，將球投出。

二、外線隊員無球進攻技術

很多人認為只要學會了傳球、運球、投籃、突破和籃板球以及對抗技術，就可以打好籃球了，但在籃球場上，隊員平均80%的時間都是在無球狀態下的。所謂一個人會不會打球，很大程度上決定於他的移動意識和技巧。

進攻無球移動主要包括利用自己腳步動作擺脫防守或

利用掩護切入來幫助自己或同伴擺脫防守隊員。前場無球進攻隊員的移動具有強烈的攻擊性和策略性，其個人行動的主要目的有三：

一是利用假動作或同伴的掩護擺脫防守者搶佔有利於接球的位置，獲得球後進行個人攻擊；

二是採取為同伴做掩護、策應等助攻行動，為其創造進攻機會；

三是當同伴投籃時，積極擺脫對手，拼搶籃板球，爭取二次進攻。其主要行動方法有擺脫拉出、擺脫反跑、擺脫切入和利用掩護擺脫移動四種。

(一)V形擺脫拉出

當防守隊員用一側手和腳在傳球路線上阻攔進攻隊員接球時，進攻隊員要帶動防守隊員向球籃方向移動，然後快速變向，拉出到外線接球進攻，擺脫防守隊員後，前面的手要上舉給同伴傳球的目標，主動伸手迎球。

V形擺脫是否有效，取決於向籃下切入到拉出至外線的假動作、時機和變向的速度（圖6-6、圖6-7）。

1　　　　　　　　　　　2

3

圖6-6

1

2

3　　　　　　　　　　　　　　　4

圖6-7

要點：

※以腳前掌為軸碾地，向外跨出。

※轉移重心，外側腳向外跨出一大步。

※外側手作為目標上舉。

※繼續向外拉出。

※兩手迎球。

※兩步急停，內側腳先著地。

※向中間前轉身。

※始終觀察球籃和防守隊員。

※成三威脅姿勢。

(二)擺脫反跑

　　當防守隊員一手和一腳在你的傳球路線上阻攔你在外線接球時，變向，從防守隊員背後向籃下切入。這種切入方式被稱為擺脫反跑。如果防守隊員在你和傳球隊員之間阻攔傳球的路線，你可以在任何位置進行擺脫反跑。

圖6-8

　　當你在外線被阻攔接球時，利用你的經驗，你將能夠自動地採用反跑。當你發現你的防守者只看球不看人時，你也可以進行向籃下的反跑；在防守者看不到你的行動瞬間會給你創造背切反跑到籃下的機會，然後接球，上籃。

　　把防守隊員帶到高位。在邊鋒位置，把防守帶動到罰球線延長線以上至少一步位置上，在後衛位置，把防守帶動到罰球圈弧頂以上至少一步的位置上。這樣可以使你獲得足夠的空間擺脫防守人（圖6-8）。

圖6-9

向高位帶動防守隊員（圖6-9）：

※帶動防守隊員到高位。

※注意力集中在腳步移動上。

※用外側腳跨出3/4步。

※屈膝。

向籃下反跑切入：

※以前腳掌碾地，向內側蹬地。

※轉移重心，內側腳跨出一大步。

※內側手作為目標上舉。

※繼續向籃下切入。

接球：

※用兩手接球。

※投籃或傳球。

※球出手前用兩手保護球。

※平衡落地保持投籃手跟隨動作，準備搶籃板球。

（三）擺脫切入

透過傳球和隨後的無球移動，你可以接回傳球創造得分機會。就算你在切入時沒有獲得空檔，但是至少為你的同伴創造了一個更好的一對一機會，因為你的防守隊員此時將處於不利於協防同伴的位置。通常分為傳切和空切兩種方法：

（1）無球移動的傳切或空切是傳球人切入，這種切入對把握時機要求很高，通常是球一傳出手就要觀察防守人的移動，如果防守人沒有及時向傳球方向的側後方移動一大步，就可以馬上切入籃下接回傳得分（圖6-10）。

（2）空切在實戰中多為從弱側即遠離球的一側無球切入。由於進攻人在弱側落位，防守他的人需要保持一個人球兼顧的位置，即一手指自己的防守人一手指到球的位置，形成一個鈍角三角形。如果稍有疏忽就會被進攻球員從身前切入籃下接球攻擊得分。

無論是傳切還是空切，都與攻防雙方的間距有很大的關係。如果進攻球員具有很強的外線投籃能力，則防守人不敢遠離他，那麼他切入成功的可能性就大；反之，如果

圖6-10

進攻球員投籃能力較弱，則防守人常常遠離他防守，那麼他切入成功的可能性就小。

要點：

※向遠離球的方向做假動作擺脫。

※變向後從身前切入動作要有突然性。

※從防守身前切入到籃下。

※前面的手上舉，側身擋住防守隊員。

※切入時要有一定的角度，腳步應跑出弧線。

(四)掩護擺脫

掩護是利用自身的身體擋住同伴防守隊員移動路線的一種策略。當進攻隊員利用掩護擺脫防守時，要有控制地靠近掩護同伴，然後快速移動。根據防守隊員的策略選擇，進攻隊員可以選擇擺脫掩護切入的方法包括外拉、繞切、反跑和後退拉開。

當防守隊員利用穿過破壞掩護時，切入隊員可以選擇向外拉出接球投籃；當防守隊員緊隨切入隊員擠過時，切入隊員可以選擇繞切接球上籃；當防守隊員提前擠過破壞掩護時，切入隊員可以選擇反跑籃下接球投籃；當防守隊員選擇繞過破壞掩護時，切入隊員可以選擇向遠離球側後退外拉接球投籃。

掩護包括四個步驟：設置掩護、觀察掩護、利用掩護、掩護隊員獲得機會。

1. 設置掩護

當打掩護時，要使你的身體與同伴的防守隊員靠近成

一定角度，以便可以阻止防守隊員通過。掩護前向籃筐的
方向移動幾步，能使你獲得更好的角度擋住同伴防守者的
移動路線。為了避免違規移動阻擋，可利用一個大的跳步
急停動作建立起一個靜止的身體姿勢。

　　當同伴防守隊員向你移動時，你將會受到他的撞擊，
因此你需要一個兩腳寬於肩、保持膝關節彎曲的良好的身
體平衡姿勢。當你做掩護時，你不能向防守隊員做移動身
體的任何部位的動作，保持一隻手臂在兩腿中間、另一手臂
在胸前的自我保護姿勢。

2. 觀察掩護

　　要保持靜止的姿勢進行等待直到掩護的到來，以避免
會出現非法的移動動作。要有耐心，等待同伴做掩護，並
判斷防守隊員如何防守。使用掩護的大多數錯誤發生的原
因，可能是因為你沒有理解防守，或者是你移動太快，沒
有擋住防守隊員。

3. 利用掩護

　　當你利用掩護擺脫防守時，有控制地靠近它，接著快
速移動。實際你帶動防守隊員走向掩護位置的同時就已經
獲得了良好的擺脫切入的角度。

　　首先，在利用掩護擺脫防守前，慢慢向防守隊員移動
的反方向進行移動。當你利用掩護擺脫切入時，與掩護隊
員肩貼肩，以免你的防守隊員從你和掩護者之間通過。

　　切入時一定要遠離掩護，以免一名防守隊員可以同時
防守你和掩護者。當防守者換防時，你可以給掩護隊員創

造出接球的空檔。

4. 掩護隊員獲得機會

一個好的掩護將會有兩種結果：或者是你獲得空檔，或者是你的同伴利用你的掩護獲得空檔。如果你的同伴利用掩護很好地切入，你的防守隊員的通常反應是協防或交換防守，這樣會使你透過你的防守者的協防或者是換防即刻獲得一個內線的進攻空檔。

你可以透過利用以內側腳為軸轉身，並且身體朝向球的方向，把防守隊員擋在身後，以獲得空檔。如果你的同

1

2

圖6-11

圖6-12

伴切向外線,你可自由地向籃下轉身,從內線接球投籃;
如果你的同伴向籃下切入,你將需要向外跨步,在外線接
球投籃(圖6-11、圖6-12)。

要點:

※掩護隊員時雙腳與肩同寬開立,掩護動作應靜止。

※屈肘於胸前保護。

※切入隊員做內切假動作,等候掩護。

※掩護發生後要及時判斷防守人的位置,來選擇進攻
機會。

※防守隊員利用穿過破壞掩護。

※切入隊員判斷防守,拉出。

※掩護隊員向籃下轉身。

※球傳給有空檔的切入隊員。

※切入隊員接球跳投。

※由掩護向遠處切入,從而為你自己或掩護隊員創造
出足夠的空間。

第二節　外線隊員防守技術

腳步移動在防守中是一項困難的工作。防守的成功依
靠慾望、規則、精力的集中、預先的判斷力和超強的身體
素質。在快速移動中保持身體平衡是防守的關鍵,從而能
夠對對手的快速移動和變向做出即刻反應。

一、基本防守姿勢及技術動作

防守移動重心要均勻地落在兩腳的前腳掌上。腳步移

動要短促快速，當你向移動方向跨出同側腳時，異側腳用力蹬地。不要交叉你的雙腳，除了對手向你前腳移動時。如果對手向你前腳方向移動，後撤步恢復防守姿勢。兩腳之間的距離不能小於肩部寬度，移動時要盡可能緊貼地面。

　　屈膝，身體重心降低，保持上體正直，挺胸，保持頭部穩定，避免身體上下起伏。跳躍移動速度慢，且兩腳離地；你對對手做出反應時腳應當著地。用靠近對方移動方向的手快速拍打球，但是手臂不能前伸，要保持頭部正直，兩臂靠近身體，屈肘，這樣有助於保持身體平衡。

　　你應當掌握這些基本防守步法和移動：側滑步、前滑步、後滑步和後撤步。每一種步法都要從基本防守姿勢開始（圖6-13）。

圖6-13

（一）側滑步

在對手和球籃之間保持一個平衡的防守姿勢。如果你

的對手向一側移動，採用側滑步。從一個交錯的姿勢切換
到平行的姿勢快速移動腳步。兩腳開立平行於你的移動方
向。重心均勻地落在前腳掌上時，腳步移動短促快速。遠
一側腳蹬地同時，近側腳向移動方向跨出，兩腳不要交
叉。注意力集中於身體平衡以便快速變向（圖6–14）。

　要點：

※遠側腳蹬地，腳步移動短促快速。

※近側腳向移動方向跨步。

圖6–14

※前腳繼續保持在對手身體外側。

※後腳與對手身體中線成一線。

※兩腳要寬於肩，雙腳不要交錯。

※移動時兩腳靠近地面。

※屈膝，不要跳或身體重心起伏。

※保持頭部正直穩定，保持背部正直，不要前傾，保持身體平衡。

※兩手上舉，肘彎曲，兩臂靠近身體。

※手用快速拍打動作緊逼球。

(二)前滑步與後滑步

前滑步或向對手方向移動，常被稱為緊逼。這不是一項簡單的技術，它需要良好的判斷能力和平衡能力。你不能靠近對手太快，以免失去身體平衡，且不能變向。利用短促快速的前滑步，同時兩腳不要交叉，透過把前腳置於對手身體外側來防止對手突破（圖6-15）。

圖6-15

如果你的對手從你後腳方向向籃下移動，你應當在不失去身體平衡的前提下，採用後滑步或向後移動。你不能後退太快而失去身體平衡，也不能反應快速而距離對手太近。對於後撤步，要短促快速，且兩腳不能交叉（圖6-16）。

圖6-16

　　前滑步和後滑步基本需要相同的移動步法，只是移動方向不同。它們都需要短促快速的腳步動作，一腳向前移動，一腳向後移動，身體重心均勻地落在兩腳前腳掌上。

前滑步是後腳蹬地，前腳跨步。後滑步是前腳蹬地，後腳跨步。前滑步時，後腳不要超過前腳，後滑步時，前腳不要超過後腳。不論前滑步或後滑步，都需要保持良好的腳步移動（圖6-17）。

圖6-17

前滑步動作運用要點：

※後腳蹬地。

※跨步要短促快速，緊貼地面移動。

※前腳繼續保持在對手身體外側。

※後腳與對手身體中心成一線。

※兩腳間距離寬於肩，且不要交叉。

※屈膝，移動時不要跳或重心起伏。

※頭部保持正直、穩定。

※背部保持正直，不要前傾。

※兩手上舉，屈肘，兩臂靠近身體。

※用手快速動作干擾動作緊逼球，手臂不能前伸。

後滑步動作運用要點：

※前腳蹬地。

※跨步要短促快速，緊貼地面移動。

※前腳繼續保持在對手身體外側。

※後腳與對手身體中心成一線。

※兩腳間距離寬於肩，且不要交叉。

※屈膝，移動時不要跳或重心起伏。

※頭部保持正直、穩定。

※背部保持正直，不要前傾。

※兩手上舉，屈肘，兩臂靠近身體。

要點：

保持頭部正直，屈膝，跨步要短促快速，兩腳保持交錯姿勢，不要跳，移動時兩腳靠近地面，以便能夠保持快速向後變向移動。

(三)後撤步

基本防守姿勢，兩腳保持一腳在前一腳在後的交錯姿勢。這種姿勢的弱點是前腳：從前腳方向向後移動比從後腳方向移動要困難，如果對手從你前腳位置向籃下運球突

圖6-18

破時，前腳快速後撤，同時以後腳為軸做後轉身（圖6-18）。後撤步後，利用快速的側滑步重新建立前腳在前的防守位置，如果你沒有及時建立合法防守位置，你必須快跑追防對手，並有意識地重新建立前腳在前的合法防守位置。

向對手移動的方向後撤步，保持頭部正直，眼睛注視對手，不要向相反的方向轉身或眼睛離開對手，當你後撤步時，後腳蹬地要有力，後撤步應當直接向後移動，腳步要緊貼地面，不要轉圈或過高舉起前腳。

為了增加後撤步的動力，前腳同側的肘貼近身體，並快速有力地向後擺動。

後撤步動作運用要點（圖6-19）：

※前腳直接向後撤步，兩腳貼近地面，用前腳掌蹬地。

※前肘靠近身體向後擺動。

※重新確立防守位置。

※眼睛注視對手腰部。

圖6-19

※利用後撤步重新確立防守位置。

二、防守外線有球隊員

防守外線有球隊員的任務是盡力干擾和破壞對手投籃，堵截其運球突破，封鎖其助攻傳球，並積極地搶斷球以達到控制球的目的。

防守有球隊員要及時搶佔有利防守位置，觀察判斷對手的進攻意圖，合理地運用防投、運、突、傳等技術，不要輕易被對方的假動作迷惑。要及時發現對手的進攻技術

特點，有針對性地防守。對手運球停止時，立即上前封堵。

(一)防守位置

當進攻隊員持球或運球時，應站在對手與球籃之間的位置上。一般對手離球籃近則應靠對手近些，離球籃遠則應距離對手遠些。特別要根據對手的技術特點（善投、善傳、善突）以及防守戰術的需要調整防守位置（圖6-20）。

圖6-20

(二)防守動作

防守動作是指防守中所採用的基本步法、身體姿勢及手臂動作。包括防守持球隊員、防守運球隊員和防守死球隊員。

1. 防守持球隊員

在進攻隊員接球但尚未進入攻擊狀態時，防守隊員要

快速利用碎步或攻擊步逼近對手，採用平步或斜步防守姿勢，干擾持球隊員運球、傳球和投籃的行為選擇。

當進攻隊員持球處在即刻攻擊狀態時，一般經常採用斜步防守姿勢，前腳同側手臂前伸干擾進攻隊員持球的強側手，另一手側伸阻攔進攻隊員傳球。例如，如果進攻隊員右手是強側手，防守隊員左腿和左手在前，迫使進攻隊員用弱側手傳球或運球（圖6-21）。

圖6-21

2. 防守運球隊員

當進攻隊員在後場運球突破時，防守隊員要積極緊逼，堵中放邊。在某些特殊情況下，可進行「領防」，有意放開一面，迫使對手把球傳向或運向預先設置的「陷阱」，與同伴協同形成夾擊。

在前場防守運球隊員時，兩腿平行站立，快速滑動，兩臂不停地揮擺，儘量迫使進攻隊員轉身運球、向邊線運球、用弱側手運球或停止運球（圖6-22）。

圖6-22

3. 防守死球隊員

當進攻隊員停止運球時，防守隊員立即重心上提，緊貼防守隊員，兩手臂張開上揚封堵持球隊員傳球或投籃，迫使其轉身（圖6-23）。

三、防守外線無球隊員

在籃球比賽中，防守的絕大部分時間是在防守不持球的進攻隊員。良好的防守包括防守對手、球和籃，為了實

圖6-23

現這個目的，防守隊員要從一個良好的防守無球隊員的位置上協防並阻止持球隊員有威脅地傳球和運球突破，且能夠及時回防自己的進攻對手。

防無球隊員的主要任務是盡可能不讓對手在有效攻擊區內接球，或使對手勉強接球後處於被動地位。防守隊員要及時判斷對手的位置及其與球和籃的位置關係，並隨對手的切入方向、球的轉移和是否有掩護等合理地運用防守動作，阻截對手進入有利攻擊區和習慣位置，割斷對方重要的配合位置和區域間的聯繫，並抓住一切機會果斷搶、

打、斷球,以達到破壞進攻、爭得控制球權的目的。

(一)防守外線無球隊員的要求

防守要有攻擊性和破壞性,防守隊員必須搶佔「人球兼顧」的有利位置,在球——防守隊員——進攻對手之間形成一個假想的三角形,對手離球越近,防守隊員離對手應當越近,對手離球越遠,防守隊員離對手應當越遠,以協防持球隊員的防守隊員,要遵循「球、人、區、籃四位一體兼顧」的防守原則。

要做到「內緊外鬆、近球緊遠球鬆,鬆緊結合」,防止對手的擺脫空切。要及時果斷地進行防守配合,幫助同伴防守威脅最大和持球進攻的隊員。要有隨時補防、夾擊和換防的集體防守意識與能力。

(二)防守外線無球隊員的基本方法

前場防守時的位置選擇非常重要,正確合理地佔據有利位置,是防守中取得主動的重要條件。為了更好地理解全隊防守位置,要考慮球場強側(有球側)和弱側(協防側)的畫分,強側指球場中靠近球的一側,弱側指球場中遠離球的一側。防守隊員要根據對手、球籃和球的位置與距離來選擇防守位置。

一般來說,防守隊員為了做到人球兼顧,應站位於對手與球籃之間偏向有球一側的位置上(圖6-24)。

1. 防守強側無球隊員

防守強側距離球較近的無球隊員時,進攻隊員要佔據球

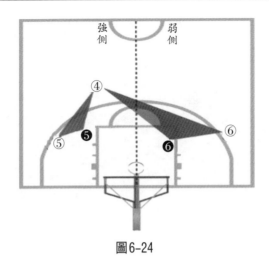

圖6-24

一你一對手的位置，努力阻止對手給強側前鋒的傳球。經常
採用面對對手、側向球的防守姿勢，靠近球一側的腳和手在
前阻攔傳球路線，抬頭從你前手臂的肩上觀察球和對手，前
側手的手心朝外，拇指向下準備斷球，另一手臂彎曲靠近進
攻隊員的身體。以屈膝降重心，兩腿開立寬於肩的姿勢準備
移動，利用短促、快速的腳步對對手的移動做出反應。對於
背切傳球，防守隊員要向球轉身斷球（圖6-25）。

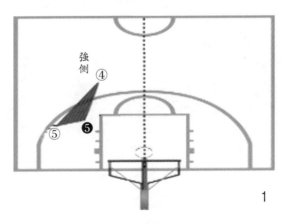

1

219

圖6-25

2. 防守弱側無球隊員

　　防守弱側距離球較遠的無球隊員時，進攻隊員要收縮到限制區內佔據合理的位置鬆懈防守對手，在你、對手和球之間形成一個鈍角三角形，經常採用面向球、側向對手的防守姿勢，兩腳開立屈膝降重心，一隻手指指向球，一隻手指指向對手，準備協防持球隊員向限制區的突破或傳球（圖6-26）。

圖6-26

3. 防守切入

　　當被你緊逼防守的外線隊員傳球時，你必須從你防守的傳球對手位置上迅速向球移動，建立球——你——對手的合理的防守位置，防守時要保持平衡穩定的身體姿勢，以便做好身體對抗準備，阻止切入隊員在你和球之間移動，對抗切入隊員時，身體內側要主動發力，隨對手切入移動時，要採用面向切入隊員的抱防姿勢，當對手傳球時向球的方向轉身（圖6–27）。

圖6–27

防守空切：

空切是對手從弱側向球的方向快速移動的一種進攻方法，多數進攻是利用空切從弱側進入高位中鋒位置。當防守隊員在弱側時，進攻隊員應成敞開防守姿勢，選擇能同時看到球和對手的恰當位置，當進攻隊員向高位中鋒切入時，注意移動，阻攔其空切，靠近球一側的手和腳在前成抱防姿勢阻斷傳球路線，並保持穩定平衡的身體姿勢。

當進攻隊員緊接著向籃下背切時，要成抱防姿勢向進攻隊員切入方向移動，當對手傳球時要向球的方向轉身（圖6-28）。

圖6-28　防守空切

第三節　中鋒一對一攻防

一、內線有球隊員一對一攻防

(一)內線有球隊員進攻

內線隊員搶位接球後背對球籃持球進攻是其最主要的得分手段。內線隊員搶位接球位置主要集中於限制區中立區周圍的區域，搶位接球的方式通常包括面向球的雙手接球和側面對球的單手接球兩種。

搶位接球後有以下幾種基本的進攻方式：向端線後撤步強攻投籃、向中間後撤步勾手投籃、向端線前轉身跳投或交叉步勾手投籃。

1.搶位接球

當面對傳球時，內線隊員雙手主動迎球，在限制區中立區以上位置跳步急停接球，接球後身體重心落於兩腳腳後跟上，過渡到前腳掌，兩腿分開寬於肩，屈膝降重心，建立良好的身體平衡，兩肘張開把球保護在頭前。

當側對傳球時，內線隊員利用靠近球一側手向球的方向伸展主動迎球，上步急停單手接球後，另一手迅速護球，兩肘張開把球保護於頭前位置（圖6-29）。

要點：

※利用靠近防守隊員一側的背、肩和上臂盡力擋住對手。

圖6-29

※快速向球移動，利用短促和快速的腳步盡力獲得空檔。

※穩定平衡的身體姿勢，兩腳至少與肩同寬。

※膝關節彎曲，背部保持正直，手分開朝向目標接球。

2. 向端線後撤步強攻投籃（擠扛投籃）

當內線隊員在限制區中立區位置接球後，防守隊員在高位防守，進攻隊員兩肘張開把球保護於頭前，利用球或肩向高位做假動作，然後靠近籃板的內側腳向端線後撤步，腳尖轉向球籃，背部保持正直，儘量使肩膀與籃板平行，雙手在兩腿之間強力運球一次，然後拿球跳步急停，兩腳跳起，雙手投籃，落地保持身體平衡，雙手準備搶前場籃板球（圖6-30）。

3. 向中間後轉身勾手投籃

當內線隊員在限制區中立區位置接球後，防守隊員在端

圖6-30

線一側防守，進攻隊員兩肘張開持球於頭前，利用球或肩向端線做假動作，然後遠離籃板的外側腳向限制區內後撤步，腳尖轉向中線，背部保持正直，投籃手在球下，兩手把球舉到勾手投籃的位置，然後中樞腳提起，身體側對球籃，非投籃手臂架起，阻攔防守的封蓋，投籃手進行勾手投籃，落地時保持身體平衡，兩手準備搶前場籃板球（圖6-31）。

圖6-31

4. 轉身跳投或交叉步勾手投籃

　　當內線隊員在限制區中立區附近接球後，不能感覺到身後的防守隊員，向端線前轉身持球於頭上，眼睛注視籃圈和防守隊員，做有攻擊性的順步或投籃假動作，若防守隊員後退或沒有反應則果斷跳起投籃（圖6-32）；若防守

1

2

3

圖6-32

隊員對突破或投籃假動作做出反應，用同側腳向中間做交叉步突破，然後雙手把球舉到勾手投籃的位置，提起中樞腳進行勾手投籃（圖6-33），或運球急停，緊貼防守者運用雙腳起跳勾手投籃，落地時保持身體平衡，兩手準備搶前場籃板球。

要點：

※中樞腳蹬地有力。

圖6-33

※轉身有爆發力。

※用後背感知防守隊員位置。

※非持球手要阻擋防守隊員的封蓋。

※投籃時注意手指手腕撥球用力。

(二)防守內線有球隊員

無論內線隊員在什麼位置接到球，防守隊員都要迫使

他運用弱勢技術攻擊。防守內線隊員時，要在內線隊員身後稍偏向端線的位置保持防守姿勢，兩腿開立寬於肩，屈膝降重心，靠近端線一側的前臂屈臂頂住內線隊員的後背，另一側手臂上舉干擾其向中路限制區移動，一旦內線進攻隊員向限制區移動開始進攻，防守隊員要利用短促的腳步移動封堵其移動路線，使其遠離球籃，迫使內線隊員停球或向端線方向返回。

圖6-34

若內線隊員返回端線方向進攻，防守隊員則要腹部挺直緊貼對手，兩手上舉封蓋其投籃。如果內線隊員投籃，防守隊員則要跳起封蓋（圖6-34）。

二、內線無球隊員一對一攻防

(一)內線無球隊員進攻

大多數教練員和運動員都意識到了內線隊員在限制區周圍接球後進行內線攻擊的重要性。由於在距離球籃很近的位置獲得投籃機會，所以內線隊員具有較高的投籃命中率，當內線隊員籃下接球面對多人防守時，經常會投籃得分並造成防守隊員的犯規，獲得打「三分」機會，當防守隊員對其包夾時，他也可以傳球給外線隊員，獲得三分投籃的得分機會。

內線隊員技術多數是背對球籃得分技術，經常在限制區兩側進行。由於限制區周圍歷來是兵家必爭之地，受內線區域身體對抗激烈和時機限制的影響，內線隊員無球搶位接球技術十分關鍵。

1. 內線隊員基本站立姿勢

內線隊員雙腳開立寬於肩，背部保持正直，屈膝降重心，緊靠防守隊員以建立更大的支撐面，兩肘外展，上臂與地面平行，同時雙手展開上舉，手指稍向前伸，指向天花板，做好接球準備，靠近防守隊員一側的背、肩和上臂主動用力阻攔防守隊員搶到你的身前。

2. 移動搶位接球

內線隊員需要通過無球移動擺脫防守搶佔外線傳球隊員和自己防守隊員之間的空檔，當防守隊員側前防守阻攔接球時，內線隊員可以利用 V 形切入搶佔位置，進攻隊員首先主動靠近防守隊員向遠離球側移動幾步，然後利用後轉身把防守隊員擋在身後搶佔有利的位置接球；內線隊員也可以先繞到防守隊員身後避開防守隊員的視線，然後快速繞過防守隊員切回到空檔處接球。

當防守隊員繞前防守阻攔接球時，則要利用短促快速的腳步動作向限制區中立區以上位置移動，把防守隊員拉到高位，然後用靠近防守隊員的手臂頂住防守隊員的背部，靠近球籃的一側手伸出給同伴高吊傳球的信號，準備向籃下切入接同伴高吊球。

總之，內線隊員移動搶位時要利用靈活的腳步移動，盡量用身體佔據空間位置並利用整個身體接觸和背部主動擠靠防守，主動與防守隊員保持身體接觸。當防守隊員在高位防守時，內線隊員要繼續向更高位移動；當防守隊員在低位防守時，內線隊員要繼續向更低位移動；當防守隊員在後面時，內線隊員要繼續向後移動，然後快速切回搶佔位置。其實內線技術分為內線搶位，也就是獲得球技術和內線投籃技術，兩者相互依存不可分割。如果沒有搶位獲得球的技術，即使內線投籃技術再好，也無法在比賽中正常施展。

兩種最常用也最有效的內線搶位技術為：滑步搶位和轉身搶位。

（1）無球移動的滑步搶位

這裡要瞭解內線的無球移動技巧。首先，解釋一個低位的概念：低位是指籃下身體對抗的必爭之地，由於內線位置離籃圈太近，需要能避免3秒違例。低位接球的最佳區域就在兩側30°左右的分位線位置，也就是限制區兩個雙線上面的分位線區域。

這個位置的優點是向上線前轉身可以有很好的空間，可以運一兩次球進行攻擊，而向底線轉身也可以有比較好的投籃角度以及運球攻擊的空間。

比賽中很容易因被防守人推擠所迫偏離這個位置，位置偏上離籃圈遠，運球攻擊時很容易被上線的防守人夾擊，位置偏下很容易一轉身轉到籃板下方而被籃圈阻礙，從而失去良好的進攻投籃角度。而即使角度合適但離籃圈稍遠也不好，因為籃下攻擊講究迅速，如果運球超過兩次，很容易被收縮協防的外線球員夾擊，從而喪失最佳的攻擊機會。

【滑步搶位接球動作方法】

一般來說，低位球員的接球需要罰球線延長線以下的前鋒球員來傳，這樣的角度最合適，但是當低位球員的防守者積極側前防守使前鋒不能順利傳球時，球往往回傳到弧頂的進攻球員手中，這時候，低位球員的防守者往往會放鬆，這就是滑步搶位接球的最佳時機，只要抓住這個時機迅速啟動，動作像防守滑步一樣，降低重心，同時雙肘打開，像投降的姿勢一樣，向傳球者示意一個傳球的目標，這時萬事俱備，只欠傳球了。

這種對體格巨大且體重夠分量的內線球員是絕對的必

殺技，如果被奧尼爾這種球員在如此深的位置接到球，即使犯規也難以阻擋他們得分。

（2）**無球移動的內線轉身搶位**

如果防守自己的對手體重和身高都不比自己差，那麼如何在低位搶佔到位置呢？

首先，由於身體不佔優勢，你不需要和他拼身體，你可以面對防守人，在接近他1公尺左右時，將右腳放在他兩隻腳之間，然後左後轉身，直接把對手卡在身後獲得絕佳的位置。如果在左側則相反。

為什麼這種方法如此有效呢？作為防守者來說，進攻者的這種技術會迫使他後退，他讓出的哪怕只是半步空間，也足以讓進攻球員獲得轉身搶位的空間，從而獲得位置爭奪的主動權。

在NBA中，綽號「蝙蝠俠」的尚恩・巴提耶是低位轉身搶位的高手，他的身體條件和任何一個內線球員相比都不佔優勢，但他常常會運用這種轉身搶位的技術在低位獲得空間，順利接到傳球，然後用他嫻熟的前後轉身半勾手來結束戰鬥，令防守方無所適從。內線隊員接球時要遵循以下原則：

①保持低重心姿勢：正確的接球姿勢需要身體保持較低的重心，身體重量平均分配到兩隻腳，隊員必須能夠對傳球做出反應，必要時能夠快速地向任何方向移動。

②舉起目標手：靠近防守隊員一側的手臂呈90°彎曲，上臂與地面平行，五指張開，掌心朝向傳球隊員。遠離防守隊員的手臂要向外伸出，稍微朝向傳球隊員。接球隊員的手指要完全伸開，提示同伴傳球的方向和位置。

③空中接球：接球隊員要在移動中接球，通常情況下接球隊員需要移動調整才能接到球而不走步，一般來說，球在空中時接球隊員應該「迎前接球」。

④向球加速移動：擺脫防守準備接球時，進攻隊員通常會加速，可是在將要觸球時通常會減速，接球隊員應該養成持續加速的習慣，這樣不僅能夠確保接住球，而且當防守隊員試圖搶斷時可以為立即切入創造進攻得分空間。

⑤接球後跳步急停：接球後跳步急停，雙腳同時著地，這是接球後保持平衡的關鍵。雙腳跳步急停可以確保球員用任何一隻腳做中樞腳，並能夠立刻發動進攻，可以突破、傳球或投籃。

當手接觸到球的時候，目標手應上舉並遠離身體，接球後再稍微移動身體。接球後不能將球向身體靠得太近，應保持在防守隊員不能接觸到的範圍。

⑥觸球時手指要隨球緩衝：內線隊員向球移動是為了擺脫防守接到球，在觸球前，為了避免球和手有猛烈的接觸，需要將手稍微地向後移動，做「柔和接球」動作。

⑦接球後準備得分或傳球：手指一旦觸到球，接球隊員應該向內轉頭，觀察防守隊員，尋找機會得分或傳球給空檔的隊友。

要點：

※保持低重心。

※舉起目標手接球。

※保持向球移動。

※觸球時手指要隨球緩衝。

(二)防守內線隊員行動

防守內線隊員時，根據防守隊員的位置，通常包括身前防守、身後防守和側前防守三種。當內線隊員攻擊能力較強時，防守隊員會選擇身前防守減少其接球。身前防守時，內線隊員屈膝降重心，後背保持正直緊靠進攻隊員，努力把進攻隊員推進限制區，靠近球一側手臂在空中高高揚起，準備打掉對手的高吊球。當內線隊員進攻不構成威脅時，防守隊員會選擇身後防守，防守隊員屈膝降重心，一側或兩側手臂彎曲頂在內線隊員的背部，透過對抗儘量把內線隊員推離籃下位置。

防守內線隊員最通用的方法是側前防守，通常靠近球一側的手和腳在前，另一側手臂彎曲頂在防守隊員身體一側成抱防的姿勢，當球在罰球線以上時，要選位在內線隊員的上面進行防守，當球在罰球線以下時，要選位於內線隊員的下側進行防守（圖6-35）。

圖6-35

要點：

※儘量側前防守。

※有效利用身體對抗干擾進攻隊員。

※注意防守腳步移動。

※準確判斷，不被假動作矇騙。

※防守者要選擇不同的位置頂、擠進攻隊員。

三、內線隊員進攻技術訓練方法

（一）搶位技術訓練方法

1.圍繞限制區切入、接球和轉身

【方法】從低中鋒位置開始練習，隊員保持身體平衡的姿勢，雙手分開與肩同寬，做向籃下切入的假動作，然後變向，加速跑向對面低中鋒的位置，當跑到限制區另一側時，做跳步急停接球動作，然後轉身面向球籃，做準備

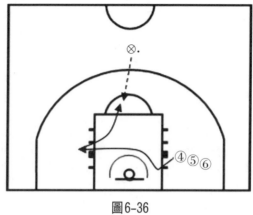

圖6-36

進攻動作。隊員雙膝彎曲，後背挺直，保持身體平衡，假想持球於頜下。再次移動時，隊員先做要穿過限制區的假動作，然後快速變向，加速跑向罰球線，做跳步急停接球動作，然後轉身面向球籃，做準備進攻的動作。開始練習時，隊員要稍微放慢速度，待技能提升之後，再提升移動速度（圖6-36）。

【要求】隊員假動作要逼真，變向切入要快，跳步急停重心降低，轉身時重心不能上下起伏，移動速度逐漸由慢到快。

2. 原地搶位練習

【方法】兩人一組落位於限制區兩側位置，一人做搶位接球動作，一人防守，防守者依次站在接球人的身後、身前和身側位置干擾接球，進攻人做出不同的搶位接球動作，教練員假做傳球，各個位置的搶位動作做完後，攻守交換練習（圖6-37）。

圖6-37

【要求】進攻者能依靠背部、手臂的感覺和眼睛的觀察，正確判斷防守者的位置、方向和意圖，用腰髖和肩背的力量頂靠住防守者，主動伸手要球，保持重心穩定，防守者變換、搶佔防守位置和干擾球的積極性逐漸加強，主動給進攻者製造各種接球的難度。

3. 攻守對抗搶位練習

【方法】兩人一組，一攻一防，防守者用手臂和胸腹頂擠進攻人，不讓其進入內線位置。進攻人要用腰、背、臀和臂擠靠防守人，力爭進入內線位置。10秒鐘後，攻守交換。

【要求】防守者要用各種方式推擠進攻隊員的後背，進攻隊員在對抗中要後背挺直，保持低重心，逐漸增加對抗相持的時間。

4. 原地搶位接球練習

【方法】全隊分成兩組，一組防守，一組進攻，外圍

設兩名教練員或隊員傳球。防守隊員積極搶佔位置，干擾進攻隊員接球，進攻者利用背部感覺和餘光，做出正確的搶位接球動作。

若進攻隊員搶位正確，佔據了有利位置，教練員可傳球給搶位的隊員。練習30秒後，兩名隊員站在對組排尾，換下組重新開始練習。

【要求】進攻者背部主動擠靠防守者，兩臂伸開指示教練員傳球的位置，接球時要上步急停，防守者先在規定位置下防守，逐漸增加防守的主動性。

5. 移動搶位接球練習

【方法】兩人一組，一攻一防，教練員協助傳球。進攻者利用交叉步轉體、後轉身、橫跨步等動作在限制區周圍移動搶位，進攻者搶位時腰臀用力，兩臂上揚，擠靠防守者，在往返移動搶位過程中，如果接球位置好，教練員立即傳球給內線隊員，然後內線隊員再回傳給教練員，20秒後，攻守交換練習（圖6-38）。

圖6-38

【要求】進攻者在限制區周圍移動，搶位時腳步移動要快，腰背用力主動頂靠防守者，兩臂伸開給教練員傳球的指示，接球時要上步急停，接球後要兩臂張開保護球。

（二）接球技術訓練方法

1. 兩人相對傳接球

【方法】兩名隊員相對站立，相距大約4.5公尺，兩人來回傳球，要求手觸到球時沒有任何聲音。也可以以遊戲的方式練習，在規定時間內計算傳球次數。

【要求】傳球方式要多變，傳球速度要快，按照教練員要求傳球到同伴不同位置，根據同伴傳球位置不同選擇單手或雙手接球，接球時要跳步急停，兩肘張開，重心降低。

2. 背對傳球隊員接球

【方法】傳球隊員和接球隊員相距3～4.5公尺，接球隊員背向傳球隊員，身體保持平衡，雙手上舉與肩同寬，當傳球隊員喊「傳球」時，接球者做180°轉身，運用「迎、收」的接球方法接球。當接球者轉身時，球已經飛向傳球者。

教練員可根據接球隊員的能力來適當調整隊員傳球的時間。傳球隊員應將球傳向不同的方位，以便接球隊員能夠快速反應，發現來球，用一手迎球。

【要求】傳球隊員要傳球同時發出信號，採用不同的傳球方式，傳球速度先慢後快，傳球的位置要不斷變化，

接球隊員轉身同時要做好接球動作，接球後成三威脅姿勢。

(三)內線隊員投籃訓練方法

1.「8」字勾手投籃練習

【方法】隊員面向端線站在籃下稍右側，持球準備開始。隊員開始左腳向一側跨步起跳，身體稍向右轉，右手小勾手碰板投籃，投完籃後，雙手接住球，在右腳向球籃

圖6-39

另一側跨步起跳，進行左手小勾手投籃，左右手交替投籃，每手命中10個球（圖6-39）。

【要求】跨步、轉身、勾手投籃動作連貫協調，腰背挺直，投籃手舒展、放鬆，非投籃手屈肘架起保護球，熟練後逐漸加大投籃距離。

2. 籃下左右手反手投籃

【方法】隊員背向端線站在籃下，持球準備開始。隊員開始向右轉，靠近端線一側腳起跳，另一腿提膝，內側手反手投籃，接球後身體向另一側扭轉，用另一手反手投籃。左右手交替投籃，每手命中10個球。

然後用外側手反手投籃，左右手交替投籃，每手命中10個球（圖6-40）。

【要求】兩肘架起持球於下頜位置，跨步、轉身、提膝、反手投籃動作連貫協調，腰背挺直，身體充分向上伸展，投籃手放鬆，投籃手法要正確。

247

1

2

3

圖6-40

3. 自拋球接球急停各種投籃練習

【方法】隊員從籃下端線後站位，把球向後旋轉，拋到限制區中立區位置使球向回反彈，然後跳步急停接球，做各種投籃練習。左右手交替投籃，每種方式直到投中10個球。

【要求】跳步急停接球重心降低，腰背挺直，轉身、跨步動作要與投籃動作協調一致，注意不能走步。

4. 撿地板球後撤步擠抗投籃

【方法】兩人一組，一人投籃，一人負責撿球和擺球，限制區左、中、右側三個位置分別放置籃球一個，進攻者首先撿右側中立區地板球，左腳後撤步，靠近防守者一側肩、胯用力，同時降低重心，右手低運球轉身跳步急停，內側肩正對球籃，用力起跳擠抗投籃。

然後撿合理衝撞區外和左側限中立區的地板球依次做後

圖6-41

撤步擠抗投籃，另一人負責搶籃板球放回原處，命中10次後，兩人交替（圖6-41）。

【要求】後撤步時腰背挺直，撤步腳的腳尖主動向進攻方向扭轉，運球有力，跳步急停重心降低，快速起跳用外側手投籃，左右兩腳均要練習後撤步，教練員可以在其身後一側推擠，提高進攻者的背後感知覺能力。

5. 沿限制區移動接教練員傳球做各種投籃練習

【方法】隊員持球在端線後站位，傳球給位於45°位置的教練員，然後沿限制區線快速滑步，跳步急停接球教練員回傳球，然後做各種投籃練習。傳球給弧頂的教練員，然後快速跑到罰球線位置，跳步急停接球教練員回傳球，做突破上籃和轉身跳投（圖6-42）。

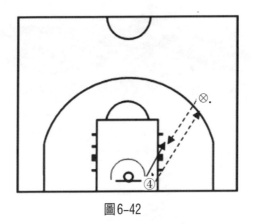

圖6-42

【要求】進攻者接球同時跳步急停，重心降低，兩肘架起保護球，做後撤步、跨步等動作進行擠抗投籃和勾手投籃時要連貫協調。

隊員要用背部感知教練員在背後的位置，選擇合理的投籃方式，投籃速度要快。

6. 一對一對抗條件下強攻投籃練習

【方法】兩人一組，一攻一防，進攻隊員持球在端線後站位，傳球給位於45°位置的同伴後，快速穿過限制區向球的位置跑動，在限制區外跳步急停接同伴回傳球，防守者在其背後設置不同的防守情景，進攻者根據防守情景運用各種強攻投籃技術（圖6-43）。

圖6-43

【要求】防守者要選擇不同的位置推擠進攻隊員，讓其選擇合理的投籃方式。進攻者利用轉身、跨步主動擠抗防守者，努力在防守者身前搶到合理的位置接球進攻，接球後兩肘架起保護球，並利用背部感知防守者的位置，在規定時間或規定運球次數範圍內投籃得分。

太極武術教學光碟

太極功夫扇
五十二式太極扇
演示：李德印 等
(2VCD)中國

夕陽美太極功夫扇
五十六式太極扇
演示：李德印 等
(2VCD)中國

陳氏太極拳及其技擊法
演示：馬虹(10VCD)中國
陳氏太極拳勁道釋秘
拆拳講勁
演示：馬虹(8DVD)中國
推手技巧及功力訓練
演示：馬虹(4VCD)中國

陳氏太極拳新架一路
演示：陳正雷(1DVD)中國
陳氏太極拳新架二路
演示：陳正雷(1DVD)中國
陳氏太極拳老架一路
演示：陳正雷(1DVD)中國

陳氏太極拳老架二路
演示：陳正雷(1DVD)中國
陳氏太極推手
演示：陳正雷(1DVD)中國
陳氏太極單刀・雙刀
演示：陳正雷(1DVD)中國

郭林新氣功
(8DVD)中國

本公司還有其他武術光碟
歡迎來電詢問或至網站查詢
電話：02-28236031
網址：www.dah-jaan.com.tw

原版教學光碟

歡迎至本公司購買書籍

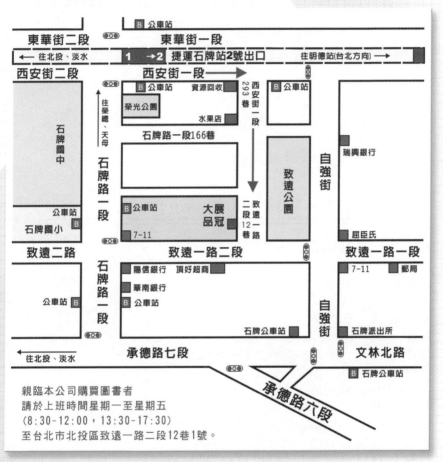

親臨本公司購買圖書者
請於上班時間星期一至星期五
(8:30-12:00，13:30-17:30)
至台北市北投區致遠一路二段12巷1號。

建議路線
1.搭乘捷運
　　淡水信義線石牌站下車，由月台上二號出口出站，二號出口出站後靠右邊，沿著捷運高架往台北方向走(往明德站方向)，其街名為西安街，約80公尺後至西安街一段293巷進入(巷口有一公車站牌，站名為自強街口，勿超過紅綠燈)，再步行約200公尺可達本公司，本公司面對致遠公園。

2.自行開車或騎車
　　由承德路接石牌路，看到陽信銀行右轉，此條即為致遠一路二段，在遇到自強街(紅綠燈)前的巷子左轉，即可看到本公司招牌。

國家圖書館出版品預行編目資料

怎樣打籃球／郭士強　劉光宇　崔魯祥　著
——初版，——臺北市，大展，2018〔民107.04〕
面；21公分 ——（運動精進叢書；27）
ISBN 978－986－346－203－3（平裝）

1.籃球

528.952　　　　　　　　　　　　　　107002060

怎樣打籃球

著　　者／郭士強　　劉光宇　　崔魯祥

責任編輯／王英峰

發 行 人／蔡森明

出 版 者／大展出版社有限公司

社　　址／台北市北投區（石牌）致遠一路2段12巷1號

電　　話／（02）28236031・28236033・28233123

傳　　眞／（02）28272069

郵政劃撥／01669551

網　　址／www.dah-jaan.com.tw

E - mail ／ service@dah-jaan.com.tw

登 記 證／局版臺業字第2171號

承 印 者／傳興印刷有限公司

裝　　訂／眾友企業公司

排 版 者／弘益電腦排版有限公司

授 權 者／北京人民體育出版社

初版1刷／2018年（民107）4月

定 價／300元

大展好書　好書大展
品嘗好書　冠群可期

大展好書　好書大展
品嘗好書　冠群可期